中国人的美德

ZHONGGUORENDEMEIDE

焦国成 ◎ 主编
王颖 ◎ 编著

经历数千年传承、融汇时代精神的美德，是中国人思想道德的灵魂，是构筑中国人时代精神的血脉，更是中华民族伟大复兴的根基。

忠

天津出版传媒集团
天津人民出版社

图书在版编目(CIP)数据

忠 / 王颖编著. -- 天津：天津人民出版社，
2013.7
（中国人的美德 / 焦国成主编）
ISBN 978-7-201-08286-8

Ⅰ.①忠… Ⅱ.①王… Ⅲ.①品德教育-中国-青年

读物②品德教育-中国-少年读物 Ⅳ.①D432.62

中国版本图书馆 CIP 数据核字(2013)第 171530 号

天津人民出版社出版

出版人：黄　沛

（天津市西康路 35 号　邮政编码：300051）

邮购部电话：（022）23332469

网址：http://www.tjrmcbs.com

电子信箱：tjrmcbs@126.com

三河市同力印刷装订厂印刷

2013 年 7 月第 1 版　2013 年 7 月第 1 次印刷

787×1092 毫米　16 开本　10 印张　1 插页

字数：100 千字

定　价：29.80 元

「前言」

　　"美德"是什么？在有些人看来，就是埋头傻干而不计报酬多少，与人交往而甘愿事事吃亏，不考虑个人得失而时时奉献，因此，"美德"不过是忽悠傻瓜的招数，"高尚"无非是中招儿的蠢人才会去追求的做人境界。在这些"智者"的眼里，只有名利权位、声色犬马才是值得去追求的，而"美德"则不值一文。这种想法让我们想到了丛林中的狐狸和狼。那些"智者"的智慧，也不过是丛林之中狐狸和狼的智慧。对狐狸和狼来说，甚至对只图利益的小人来说，美德确实什么都不是。但是我们到底是要把市场经济下的社会建设成一个美好的人类世界，还是要把它变成一个绿色丛林？丛林之中，没有谁永远都是强者，即使老虎、狮子也不例外。当那些信奉丛林规则的"智者"成为"更智者"爪下的一块肉时，他的智慧又在哪里？

　　孟子说："得道者多助，失道者寡助。寡助之至，亲戚畔之；多助之至，天下顺之。"(《孟子·公孙丑下》)利己主义者的智慧是一种小

聪明,虽然可以暂时得利,但这种利总是有"害"相跟随。因为占了别人的便宜,固然可以一时得意,但当被千夫所指的时候,他的得意也就不在了。前乐而后苦、开始得意而日后途穷的智慧,无论如何也不能说是一种高妙的智慧。真正的赢家应该是淡泊名利、以德服人的人。

在有美德的人看来,有损美德的利益不是一种利,反而是一种害。正如孔子所说:"不义而富且贵,于我如浮云。"(《论语·述而》)避开了不符合道义的利益,同时也就避开了它可能导致的害。俗语也说:"为人不做亏心事,半夜敲门心不惊。"具有美德的人,善于约束自己,仰不愧于天,俯不怍于人,心里坦坦荡荡,安宁舒畅。能使自己愉悦幸福一生的,莫过于美德。代代相传的"富润屋,德润身"箴言,是以往高贤大德的切身体验,绝非忽悠人的虚言。

有美德的人讲仁讲义,乐于助人,乐于成人之美,这有助于消融人与人之间的冷漠和对立,增进人与人之间的和谐与合作。团结就是力量,合作强于孤军作战。人之所以能够胜过万物,就在于人与人之间能够合作。

美德是立于不败之地的精神力量。有美德的人,是在爱人中爱己,在利人中利己,在使众人快乐中获得自己的快乐。因为他行事

以德,故服人不靠威势武力;因为他爱人利人,故能把自己与大众连为一体。因此,孟子才说"仁者无敌"。

美德是可以惠及整个社会和子孙万代的精神财富。孔子曾经提出过"惠而不费"的君子智慧。在他看来,"因民所利而利之"的德政是惠而不费的。如果我们能把孔子的思想发挥一下,使美德真正成为每一个人的操守,社会将变得更加美好。做父母的有慈的美德,天下的儿童就都幸福了;做子女的有孝的美德,天下的老人就都幸福了。同样,每个社会位置上的人都有美德,天下就会是一个大道流行、人人幸福的世界。这就是真正的"惠而不费"。

新中国成立已有六十余年,改革开放已经三十余年,我国的社会主义建设取得了令世界瞩目和赞叹的成就,中国人民过上了小康的幸福生活。然而中国社会的道德风气却不尽如人意:急功近利的追求、冷漠的处世态度、庸俗的休闲生活,已经成为许多人的生活写照。腐败现象屡禁不止,法纪的权威性受到挑战,潜规则大行其道,假冒伪劣层出不穷,这已经是伴随市场经济的发展而出现的司空见惯的社会现象。道德的沙漠化现象开始初露端倪。因此,道德文明的建设已经显得比任何时候都更加迫切。

历经数千年传承、融汇时代精神的美德,是中国人思想道德

3

的灵魂，是构筑中国人时代精神的血脉，更是中华民族伟大复兴的根基。

为了弘扬美德，我们组编了《中国人的美德》丛书。丛书针对市场上缺少入情、入理、入心的道德教育读物的现状，专门为广大未成年人精心打造。要改善社会的道德风气，提高社会的道德水平，就要有好的读物。本丛书力求适应这一社会需求，将中华民族的传统美德、优秀的革命道德和时代精神完美融合，将传统精神和时代精神、文化继承和文化创新有机结合起来，力求凸显社会主义道德的中国特色和民族道德传统的历史延续性；在保证其通俗性、可读性的同时，力求有一定的创新性。如果此套丛书能够激发起广大未成年人对中国人的美德的兴趣和向往，我们将感到无上的荣幸和欣慰！

焦国成

2013 年 6 月于北京

中 国 人 的 美 德

Mulu/目录/

忠

第一辑

解析篇

JIEXIPIAN

忠

　　忠是中华民族的传统美德，也是衡量一个人道德品质高低的重要标志。在中国封建社会，忠，不仅是个人修养的关键，而且是社会道德的最高原则，受到人们的极力推崇。在现代社会，忠，同样得到特别的重视，被认为是一个人的必备品质。那么，从古至今，忠的内涵和要求包括哪些方面呢？在当代社会，我们又该如何践行忠德呢？

忠的词源意义及其历史演变

忠，从字形结构上来看，是由"中"和"心"两个字构成的，把"心"放在正中，表示不偏不倚、不上不下。汉代许慎在他编辑的《说文解字》中对"忠"这样解释：忠，就是指做事严肃认真，不马虎。清代段玉裁又进一步加以说明：所谓做事严肃认真，就是指要尽心竭力，全心全意。

后代许多关于"忠"字的解释基本上都是按照上面的思路作出的。

"忠"字的词源意义和社会生活相结合，表现出极为丰富的内容。

先秦时期的"忠"

根据这一时期典籍的记载和论述，大体可对"忠"的主要内涵作如下分析和归纳：

(1)"忠"是最基本的德行，要求贯穿于处己、待人、为政的过程之中

《论语》特别强调"忠"是所有德行的基础，是对所有人的一种态度和行为规范。一个具有忠德的人，在结交他人时，言谈举止会表现得真诚率直、诚实守信；在对待君主时则会忠心耿耿；在执行公务时尽心尽责，始终保持昂扬向上的精神状态而没有丝毫怠惰，"居之无倦，行之以忠"。孔子这一思路被以后的思想家继承并发扬。

3

(2)"忠"的根本精神是"致公无私"

先秦典籍中谈到"忠",很多时候都与"利公""利民"相联系。这一点各家各派比较一致,而且始终坚持。比如,《尚书》《左传》中就有"以公灭私""忠德之正"的思想,以及"公家之利,知无不为,忠也""以私害公,非忠也"的规范性要求。在谈到君臣关系时,不仅明确提出君主与臣子的各自职责要求,而且强调二者的主要精神实质在于公正无私、利民尽职。《管子》里就有这样的句子:"为人君者,中正而无私;为人臣者,忠信而不党。"《忠经》把这些认识做了总结,"忠者,中也,致公无私",认为"忠"就是公正、不偏私,不因个人的私利而危害公家的利益。"忠"的这一根本价值取向,在传统中国一直延续下来,并凝结成中华民族精神的核心和精髓,在现代社会得到积极继承和大力弘扬。

(3)"忠"是所有个体对待国家的责任和义务

这里涵盖了个人对国家、民族和人民的多重忠诚。《左传》中说:在困难面前,不忘记自己的国家,就是忠。每当国家危难、民族危亡时刻,中华民族的优秀儿女总是挺身而出,为了国家、民族和人民的利益奔走呼号,即使付出生命也决不退缩,这便是一种忠于国家、忠于民族、忠于人民的崇高行为。"公家之利,知无不为,忠也。"只要是有利于国家的事情,知道了就去做,这就是忠。

除了普通民众,君主诸侯等统治者也应该具备此种德行。"躬行仁义,极忠用信,则王。"如果能够亲身实行仁义之道,把忠信用到极点,那么就可以称王了。这说明,忠信是一种为政之德。对于统治者而言,"忠"的内容还体现在管理国家的过程中,要为民谋利,

造福于民。"上思利民,忠也。"此种思想是先秦时期"民本"思想的体现。"民本"思想实际上就是"重民"思想,是重视和承认百姓在社会政治、经济生活中的地位和作用。

秦汉统一大帝国建立以后的"忠"

自秦汉大一统后,"忠"便逐渐成为"臣事君(臣子侍奉君主)"的专一道德。这种转变,有其内在的逻辑根据。因为在封建社会,君主就是民族与国家的代表,一定历史时期的"忠君"和"爱国"是联系在一起的;并且"忠"本身也具有背私向公的含义,传统中国的"公"与"国"相通,所以人们背私向公,实际上也就是效力于"国",这也就意味着要效命于"君"。一旦中央集权的君主专制确立,君主具有至高无上的权威时,就必然会导致"忠"的对象向"忠君"的绝对化演变。

这种演变经历了一个发展过程。春秋战国时期,儒家主张君臣关系的相互性,不仅要求臣子忠于君主,也要求君主礼待臣子。孟子说:如果君主把臣子看成是自己的手脚,那么臣子就会把君主看成是自己的肚子和心脏;如果君主把臣子看成是泥土或小草,那么臣子就会把君主看成是仇敌。战国中期以后,随着强权政治的逐步确立,忠的观念发生了变化。法家的代表人物韩非子在其中起到了重要作用。他说:臣子服侍君主,儿子服侍父亲,妻子服侍丈夫,这三种秩序理顺以后,天下就会太平;如果这三种秩序被违背,天下就会混乱。这是天下的正常法则。又说:明王贤臣都不要改变这种法则,就算君主不够贤明,臣子也不能侵犯。可见,韩非子强调了臣子对君主的单方面的忠。

西汉时期,为适应封建专制统治的需要,董仲舒对忠君思想进行改造,把忠规定为臣民天经地义的无条件的行为准则。他在《春秋繁露·天道无二》中说:如果心中只有一个目标,那么就是忠。如果心中有两个目标,那么就是祸患。又说:既然祸患产生于心中有两个目标,所以君子鄙视背叛,崇尚专一。在此,董仲舒特别强调忠臣不事二主的观念。

至宋明时期,忠的伦理范围不仅严格地局限在"君臣"一伦,而且"愚忠"的成分大大增强。唐太宗李世民说:即使君主不贤明,臣子也不能不对他忠心。宋代司马光说:臣子侍奉君主,到死也没有二心。忠臣不会为两个君主做事。这样,忠便成为臣的片面义务。

到了清代,随着专制主义的发展,忠君思想的消极意义越来越突出,"愚忠"的程度发展到极致,忠的积极性含义渐渐消失。与此同时,某些进步思想家对"忠"的内涵进行了重新诠释。他们强调,对"国"与"天下","一君之私"和"天下大公"这些政治观念应该进行区分。显然,这些思想对于恢复"忠"的本来意义和抑制"忠"的片面化起到了积极的作用。

近代以来对"忠"的批判与改造

近代思想家谭嗣同、严复、梁启超等人,一方面猛烈批判了臣子对君主的片面的忠德;另一方面对忠并未全盘否定,而是对它进行了改造继承。忠应更多地同"国"联系在一起,强调个人对国家尽忠是一种天职。

忠

中国近代民主革命先行者孙中山先生则在根本否定片面的忠君之德后,主张将忠的对象转移到国际、民族、人民和事业上,他说:"在国家之内,君主可以不要,忠字是不能不要的。如果说忠字可以不要,试问我们有没有国呢?我们的忠字可不可以用之于国呢?我们到现在说忠于君,固然是不可以,说忠于国是可不可呢?忠于事又是可不可呢?我们每做一件事,总要始终不渝,做到成功,如果做不成功,就是把性命去牺牲,亦在所不惜,这便是忠。"(三民主义·民族主义[A],《孙中山选集》,人民出版社,1981年。)

以毛泽东为代表的几代中国共产党人批判继承了中国传统文化中忠德的合理因素,并将其创造性地发展,大力倡导忠于共产主义的伟大理想,忠于全人类的进步事业,忠于党、忠于祖国和忠于人民。在改革开放新的历史时期,邓小平提出了"三个有利于"的价值评判标准,江泽民提出了"三个代表"的重要思想,胡锦涛主张"情为民所系,权为民所用,利为民所谋",忠于人民、忠于社会主义成为时代主旋律。忠德在中国特色社会主义伦理文化体系中获得新的发展与生机。

忠德的一般要求

在现代社会，虽然君臣关系已经不复存在，臣对君的"忠"失去了存在的基础；但是"忠"的本来意义及其致公爱国的含义，在当代生活中仍有重要的意义，因此，我们还需要明确忠德的一般要求，从而用于指导我们的行为。

尽心竭力

尽心竭力是忠的基本内容和要求，是待人接物的根本之道。

尽心竭力，要求为人和做事都要全心全意，要倾尽全力，毫无保留。朱熹说："忠，是要尽自家这个心。""为人谋时，竭尽自己之心，这个便是忠。"具体来说，为别人谋划一件事，一定要竭尽全部的智慧与心力，必须达到十分才算是到了"尽"的程度，才能算是忠。在此，尽心为人必须以"诚"为基础，要求真心实意，诚实不欺。

此外，尽心为人还必须是助人为善、成人之美，而不能相反。忠是要用正道去帮助人。如果用邪道去诱导人，那就走向忠的反面，就是奸伪了。

大公无私

大公无私是忠的根本要求。古人说："无私，忠也。"没有私心，就是忠。如果是出于利己之心而做某事，即便十分尽心竭力，也不能算作忠。这说明,忠心和忠行并不是可以随意施用于一切人和事情之上,而只应该用在那些中正、合义的事情上。

结合具体的情境,大公无私又可以表现为公心、公正、公平等多种不同的要求。比如,在参与国家管理时,要坚守公心,敢于发表不同意见,坚持真理,而不人云亦云。即使这种坚持可能会危害到个人的私利,也决不退缩。为国家选拔人才时,要以其能力高低作为举荐标准,而完全不考虑他与自己的个人恩怨和关系远近,真正做到"外举不避仇,内举不避亲"。再比如,在执行公务时,要坚持公正、公平的原则,不徇私情,坚持"王子犯法与庶民同罪",甚至于大义灭亲。历史上那些大公无私的忠臣,总是受到人们的无尽颂扬。

忠贞不贰

忠的要求就是一心一意、忠诚坚定、永不改变。如果有二心就成为奸邪,"三心二意"、"朝秦暮楚"、"见风使舵"都远离了忠的精神,为人"忠"就是要在人际关系及所认定的事业、事情中做到坚定不移地奉献,始终如一。忠的崇高性正体现在这里。

历史上那些忠贞不贰的人,或忠于国家民族,如屈原、苏武、文天祥;或忠于君主,如诸葛亮、周瑜;或忠于爱情,如梁山伯和祝英台;或忠于信仰,如老子、庄子、墨子、孔子。今天我们提倡忠于人民、忠于国家、忠于共产党、忠于共产主义信仰。从1840年以来,千百万的革命者为中华民族的解放不惜流血牺牲,无论任何艰难险阻,都义无反顾、勇往直前,建立了彪炳史册、可歌可泣的宏伟业

忠

绩,为中国人民所永远铭记。他们这种忠贞不贰的精神值得我们永远学习。

恪尽职守

忠,体现在事业上就是"敬",指一种全身心投入的工作状态,要求人们诚实劳动、恪尽职守,只要身在职位就绝不懈怠,要用忠诚的态度去履行自己应尽的职责。

具体说来,就是要做到爱岗敬业、无私奉献。首先,要热爱自己所从事的工作,把它看作是实现自己人生价值和社会价值的方式和途径。其次,要刻苦钻研与本职工作相关的业务知识,不断提升自己的业务能力,精益求精,使自己能够更好地做好相关的工作。再次,要有无私奉献的精神。在现实生活中,大多数人都立足于平凡的岗位,默默地辛勤工作着。作为普通劳动者,虽然他们的头上没有耀眼的光环,但他们都是社会主义建设者,正在为国家的繁荣富强贡献着自己的力量,因此,他们一样光荣和伟大。

忠诚为国

忠的根本要求是胸怀天下、情系人民,为了国家和人民的利益鞠躬尽瘁,为了祖国和人民的事业勇于献身。可见,忠诚为国是忠的主要内容和要求。

忠诚为国,首先,就要热爱自己的国家。热爱祖国的大好河山,热爱祖国悠久灿烂的文化。这种感情集中体现为爱国主义,体现为强烈的民族自尊心、民族自信心和民族自豪感。"以热爱祖国为荣,以危害祖国为耻"。其次,充分发挥主人翁的精神,坚决捍卫祖国尊严,维护国家利益,勇于和破坏国家统一、损害民族团结、危害社会主义的行为作斗争。再次,要关心人民、爱护人民,全心全意为人民服务,为广大人民谋福利。"以服务人民为荣,以背离人民为耻"。最后,忠诚为国是每一个公民的责任和义务,我们要从小培养为了祖国的富强而奋斗的本领和无私奉献的精神。

忠

勤 孝 节 礼 信 义 正 智 谦 友 俭 耻 仁 和 忠 勇

当代社会如何践行忠德

寓孝于忠，大公无私

忠与孝，是中国伦理文化中的两大基本道德，也是我们在生活中时常要践行的两种道德。人们非常强调和提倡二者的一致，但又时常慨叹，忠孝不能两全。那么，我们应该如何妥善处理二者之间的关系呢？

忠孝问题的实质是公私问题。对于国家、民族、人民和事业的忠，属于公的方面。对于家族和家庭内部的孝，则属于私的方面。就公私关系而言，基本包括两大类情况：

第一种，公私利益一致，二者之间没有矛盾，行孝就是尽忠。

孝是调整人际关系的基本准则，它立足于人类血缘亲情的基础上。在家庭领域里，孝通常是指子女对父母的孝敬；在社会领域里，则要求人们能推己及人，由独爱其亲的私爱，扩展到"老吾老以及人之老，幼吾幼以及人之幼"的"博爱"和"广敬"，把对父母长辈的孝，拓展到其他与自己没有血缘关系的老人身上。而忠的基本含义是指尽心竭力，诚厚待人。可见，二者在善待他人这一点上具有一致性。同时，孝的观念还是忠的思想的源泉。忠的根本精神是忠于祖国。而忠于祖国的前提是热爱自己的祖国。热爱祖国既包含了热爱家乡故土，更包含了对祖先崇敬的血缘情义和孝亲意识。孝亲敬老、寻祖认宗、落叶归根不仅体现了人们的爱国之情，更体现了中华孝文化。

14

因此，行孝与尽忠不仅不冲突，反而一个人的孝心孝行，会成为培养他忠心忠行的基础。对于少年儿童来说，要培养忠德，要实现对祖国人民的忠诚，就应该先从对父母的孝敬开始。一个人，唯有对自己的父母长辈充满了感恩和热爱之心，才可能厚待他人，进而生发出对于家乡、祖国和人民的热爱，才可能为了祖国和人民的事业而甘于奉献。

第二种，公私利益不一致，尽忠与行孝发生了剧烈的冲突。

在此情况下，中华民族的价值取向是：先公后私直至大公无私，公家利益重于个人利益。要求舍弃对父母长辈的行孝以成全对祖国人民的忠诚。换句话来说，为国尽忠是第一位的，为父母行孝是第二位的。那么，如果一个人因为为国尽忠而不得不放弃对父母行孝，是不是就说明他是一个不孝顺的人呢？当然不是。在中华民族的价值观中，认为在对祖国和人民的忠诚里面就已经蕴含了对父母及家中长辈的孝。比如，战争年代，人们离开家乡亲人勇敢奔赴前线；洪水地震暴发，抢险救灾人员奋战在灾区而无暇顾及亲属；研制原子弹，科研人员一心扑在工作上而疏忽了对家人的关照……表面看起来，这些人远离了父母亲人，无法行孝，但是，就在他们为了祖国和人民而奋力拼搏、辛勤工作时，就是在用另外一种方式向家中的父母长辈表达孝心。

2008年7月10日《文汇报》上刊登了文化部党组成员、纪检组组长李洪峰同志的一段批示。这段批示是结合时任江苏省沛县县委副书记冯兴振的文章《母亲》而对所有官员进行的提醒。批示的内容是这样的："冯兴振《母亲》一文，感人至深，催人泪下。我们的工作,在很大意义上说,是天下所有母亲殷殷期望的。'哀哀父母,生我劬劳'。我们应该把孝敬父母之心转换为忠于国家之事,尊重每一个人,认真每一件事。"这段话能帮助理解行孝与尽忠的关系。

分清小忠与大忠,反对小团体主义,坚持集体主义

随着外资企业在中国日渐增多,到外资企业工作的人也越来越多。在工作的过程中,他们,特别是那些高级管理人员时常要面临一个两难选择。如果把对企业的忠诚,看作是"小忠",把对国家民族的忠诚,看作是"大忠",那么身为中国雇员,他们将以何者为重? 在企业利益和国家利益之间,到底如何选择呢?

2009 年的一个事件引起了人们对这一问题的高度关注和深思。澳大利亚铁矿石企业力拓公司雇员,原籍天津的胡士泰,错误地选择维护公司利益。他采取利诱及其他不正当手段,多次获取中国钢铁企业的商业秘密,为外国公司谋取最大的利益,却给中国有关钢铁企业造成了特别严重的后果。他本人因涉嫌侵犯商业秘密罪而被中国政府扣押。胡士泰被扣押后,企业界、舆论界以及众多网民都对胡士泰持批评、谴责的态度。他们说:"不能为了迎合外国人而削尖脑袋不择手段去搜集商业信息,更不能为了自己的升职加薪,把很多的原则问题都忘得一干二净了。"维护国家利益,保守国家机密,是一个人忠于祖国的基本要求,更是做人的根本原则。教育家陶行知说过,"国家是大家的,爱国是每个人的本分……凡是脚踩中国之地,嘴吃中国五谷,身穿中国衣服的,无论男女老少,

都应当爱中国"。难怪胡士泰的行为激起了人们的极大愤慨。但与此同时,也有一部分人说:胡士泰是在维护企业利益,他的行为也没有错!那么,胡士泰的行为到底错没错呢?要认清这个问题,就需要我们认清小团体主义和集体主义、小忠和大忠的关系。所谓小团体主义,是在一定范围内的集体主义。小团体主义,只强调这个团体内部成员的利益,只对本团体内部的成员进行帮助,而对团体之外的成员利益完全漠视。小团体主义的危害特别大。第一,它很有迷惑性,它表面上不是为了个人利益,其实其中渗透了强烈的个人利益诉求。胡士泰千方百计获取国家机密,表面上看是为了企业利益,但实际上他本人也因此得到极大的好处,比如说加薪、提职等。第二,小团体主义维护的只是一部分人的利益,是一种局部利益,并且为了这部分人的利益,可能还要侵犯到他人利益、集体利益和国家利益;从而造成本团体和其他团体之间的冲突,严重影响到社会的安定团结。所以,我们必须坚决反对和抵制小团体主义。与之不同,集体主义维护和实现的是广大人民群众的共同利益、根本利益,它是一种全局利益、整体利益。只有坚持集体主义,才可能使更多的人而不只是一部分人得到好处。因此,我们要大力提倡和坚持集体主义,坚持国家利益至上。同时,我们还要知道,有时为了实现集体利益、国家利益还不得不牺牲掉个人利益。通过上述分析,我们不难看出:胡士泰是为了小团体利益、个人利益而牺牲了集体利益、国家利益,他尽了"小忠"却失了"大忠",所以他的行为是错误的,是要受到批判和谴责的。

科技报国，在建设祖国中实现自我价值

在新中国成立初期，曾经有一批才华横溢的青年人，钱学森、华罗庚、梁思礼、朱光亚、邓稼先、钱三强、童第周、王大珩等，他们留学国外，但却怀抱着科学救国的理想，义无反顾地回到祖国，从而改变了我国的科技进程，使我国的科技发展在新中国成立之后突飞猛进。

华罗庚在由美归国的途中写道："梁园虽好，非久居之乡，归去来兮！朋友们，我们都在有为之年，如果我们迟早要回去，何不早回去，把我们的精力都用之于有用之所呢？总之，为了抉择真理，我们应当回去；为了国家民族，我们应当回去；为了为人民服务，我们应当回去；就是为了个人出路，也应当早日回去！"华罗庚的这段话说得特别好，包含了几层意思。第一，我们是中华民族的子孙，心里装着祖国的大好河山，根本不能割舍对她的情感，叶落归根，早晚都要回去。第二，我们的精力、我们的才学要用在该用的地方。这该用的地方就是国家、民族和人民。第三，在报效国家、民族和人民的过程中，个人的自我价值也将得到实现。既然是这样，为什么不早点回去呢？这段话对于今天留学或工作在国外的广大中国人来说，具有极大的启发意义。

据中国教育部统计，从1978年到2002年底，全国有近60万人到100多个国家或地区去进行学习和研究，同期学成回国工作的留学人员有近16万人，还有三分之二的人没有回来。对于没有回来的原因，有人说：是因为国内科研试验条件不如国外，科研人员待遇低；在国外更容易出科研成果，实现自我价值。还有人说：科

学无界限，所以学好科学技术在哪里工作都一样。这两种说法都有偏颇之处。自我价值的实现，并不是只指个人获得成功，它还要同奉献社会、服务人民和报效祖国相联系。如果把祖国和人民都抛在脑后，是不能真正实现自我价值的。此外，出国留学是为了学习先进文化、先进管理经验和技术，学成回国，报效国家是理所当然的事。今天，我国正处于一个经济发展的快速成长期，各行各业都急需大量优秀的人才，特别是大批优秀的技术和管理人才。与此同时，全球的经济竞争、科技竞争、人才竞争日益激烈。每一位科技工作者都对国家的繁荣富强担负着重大的责任。尽管科学知识是无国界的，科学作为人类智慧的结晶，科学成果属于全世界，理应为全人类服务。作为科学家，要为人类的科学事业作贡献；但是，不要忘记科学知识的运用不可能离开具体的国家，科学事业的发展和科学家的命运都与自己的祖国有着密切的关系。所以，科学家在获得成就后，不能忘记自己的祖国，应当尽力为祖国的发展作出贡献，为自己的祖国在竞争中立于不败之地而奋斗。

忠诚为国要见诸行动

忠诚为国，既是远大的理想抱负，又需要从生活中一点一滴的小事做起，以实际行动来培养和实现自己对于祖国、人民和党的忠诚与热爱。2009年秋季开学第一天，全国中小学生通过收看视频节目的方式，共同上《开学第一课》。《开学第一课》是由教育部、中央电视台共同制作的，以主题班会的辅助形式，引导同学们思考"我们应该怎样爱国"，发动大家讨论如何用实际行动诠释爱国。

捐款箱

忠

从大的方面来说，首先，培养自己对祖国的热爱之情，爱国是忠诚为国的前提和基础。了解祖国的悠久历史和灿烂文化，培养自己对骨肉同胞的深厚感情，关心人民爱护人民，树立全心全意为人民服务的观念。其次，关心国家大事，并积极参与其中。比如汶川地震后，很多同学都把自己的零花钱节省下来，捐给灾区的人民；奥运会时，积极争当志愿者为奥运加油，为奥运宣传；当听到"神七"上天的消息时，为祖国感到骄傲和自豪。再次，拥护中国共产党的领导。通过参观革命旧址，学习党史知识，了解党的光辉发展历史，从而不断增强对党的拥护和爱戴。

从小的方面来说，首先，认真学习，全面发展，培养自己的综合素质，不断积累和提高自己报效祖国和人民的本领。教育家陶行知说："今天多做一分学问，多养一分元气，将来就能为国家多做一分事业，多尽一分责任。"其次，孝敬父母，尊敬老师，团结同学，积极参加学校和班级组织的各类活动并勇于承担相关工作，从中培养自己对于班级、学校的热爱之心和责任心。再次，遵纪守法，诚实守信，讲社会公德，关心他人，乐于助人。在生活中遵守交通规则，乘公共汽车主动买票，给老弱病残孕让座，爱护公共财物，注意节约水电，爱惜粮食，尊重农民的劳动成果，等等。

忠

第二辑 菁华篇

JINGHUAPIAN

忠

　　《左传》尝载古人之言:"大上有立德,其次有立功,其次有立言,虽久不废,此之谓不朽。""立言"为不朽之一,而立道德之言尤为可贵。言者,心之声也。道德之言,乃有德者之心声,故而尤其值得珍视。中国作为礼仪之邦、文明古国,历代不乏高贤大德,而他们都有自己的道德体悟之语。本辑所选是古今道德箴言的菁华。这些箴言名句,是古今高贤大德人生经验的凝结,是他们纯洁、高尚心灵的流露。这些箴言名句,可以朗读,可以背诵,可以欣赏,可以怡情,可以励志,可以开慧,可以大心,可以成德。

背诵部分

以公灭私，民其①允②怀③。

——《尚书·周官》

注释

①其：将。

②允：副词，没有具体含义，表示肯定。

③怀：归依、归顺。

解读

此语的大意是：用公心灭私情，才能使人民归顺。周成王平定殷商叛乱后，颁布了诰令《周官》，这句话就是出自这篇诰令，目的是号召百官以公平之心去除私欲，从而赢得民众的信任和拥戴。在现代社会，公心更多地表现为爱护公共事业，以国家和人民的利益为重，践行为人民服务的宗旨。

忠

以私①害②公③，非忠④也。

——《左传·文公六年》

注释

①私：个人利益。

②害：危害。

③公：国家，社会，大众，与个人相对。

④忠：原指为人诚恳厚道、尽心尽力，尽力做好本分的事。有忠诚无私、忠于他人、忠于国家及君主等多种含义。

解读

此语的意思是：为了个人的利益而危害公共的利益，不是忠的行为。这就提醒我们在努力追求个人利益实现的同时，不要损害到集体利益、社会利益、国家利益和民族利益。要摆正公和私的关系。如果二者发生矛盾，要先公后私、大公无私，不得危害公共利益。

苟①利社稷②,死生以③之。

——《左传·昭公四年》

注释

①苟:如果,假设。

②社稷:社是土地神;稷是谷神。古代帝王都祭祀社稷,以后社稷就成了国家的代称。

③以:用,做。

解读

此语的意思是:假使有利于国家的事情,即使因此而死也要去做,生当然更要去做。其中蕴含的意义是如果做有利于国家的事情,就不会计较个人的生死。林则徐的诗句"苟利国家生死以,岂因祸福避趋之"脱胎于此,抒发了忠于国家的勇敢无畏和献身精神。

利①于国者爱②之，害于国者恶③之。

——《晏子春秋·内篇·谏上》

注释

①利：有利。

②爱：重视而加以保护。

③恶(wù)：讨厌，不喜欢。

解读

此语的意思是：对于国家有利的人和事就要重视并加以保护，对于国家有害的人和事就要憎恶并远离它。要亲贤士，远小人；兴利除弊，扶正祛邪，从而使国家清正廉明，繁荣昌盛。

正①士处势②临③众而不阿私④。

——《晏子春秋·内篇·问下》

注释

①正：正直。

②处势：所处的地位。

③临：面对。

④阿私(ē sī)：偏私，庇护，不公道。

解读

此语的大意是：正直的人处于任何地位、面对任何人都不屈从迎合私利，而是坚守公心。此句出于晏子回答叔向"正士之义，邪人之行，何如"的提问。晏子指出：对于正直的人来说，如果仕途通达，就向君主或上级官吏谏言，使他们能够忧虑百姓的疾苦，多为百姓办事；如果没有当官，就教育下层百姓使他们遵守法纪；为国家服务，就要尽自己的职责，而不计较待遇的多少，即使不被任用，也不非议。这就提醒我们，无论何时何地，都要坚守一分公心，做一个正直的人，不为个人私利而去曲意迎合某些人。

忠

居之无倦①,行之以忠②。

——《论语·颜渊》

注释

①倦:厌倦,不耐烦。
②忠:尽心尽力。

解读

此语的大意是:身居官位应无倦怠之心,处理政事要尽心尽职。这是要求各级统治者要勤政爱民,在工作岗位上尽心尽力,毫不松懈。实际上,无论我们从事什么职业,都需要始终保持精神饱满的工作状态,这也是忠于职守的基本要求。

乐以①天下②,忧以天下。

——《孟子·梁惠王下》

注释

①以:把。

②天下:天下人,百姓。

解读

　　此语的意思是:把天下人的欢乐当成自己的欢乐,把天下人的忧愁当成自己的忧愁。实际上是要求统治者以百姓为重,关心百姓的生活,看到百姓生活幸福愉快,自己就感觉愉快,看到百姓生活困苦,自己就感觉忧愁烦恼。这就提醒统治者要积极为百姓谋福利。

忠

君子①**之能以公义胜私欲也。**

——《荀子·修身》

解读

　　此语的大意是:君子能用符合公众利益的道义来战胜个人的欲望。在现实生活中,人总是有着各种各样的欲望和需求,有时,这些个人欲望需求与公众的共同利益之间可能会发生冲突。当二者冲突时,有的人选择了个人欲望需求的满足,而不去想是否因此而损害了公众的共同利益;而有的人则以公众利益为重,首先实现公众利益,把个人的欲望需求放在第二位。在此,提醒我们要正确处理个人欲望需求与公众利益之间的关系,要做一个以公众利益为先的人。

私①仇不入公门②。

——《韩非子·外储说左下》

注释

①私：私人，个人。

②公门：官府，衙门。

解读

此语的大意是：不因私人的仇怨而影响到公家之事。当人们在执行公务时，有可能会把个人的情绪带到工作中来。比如说，由于自己与某人关系不睦，所以就在工作中故意不配合，甚至设置重重障碍。此种行为完全把工作大局和集体利益抛在一边，只考虑到个人的私心。对于这种做法，我们要坚决反对。在工作学习中，努力做一个公私分明、心胸豁达的人。

忠

苟^①利国家,不求^②富贵。

——《礼记·儒行》

注释

①苟:如果,假设。

②求:追求。

解读

此语的大意是:如果有利于国家,就不追求个人的金钱地位。有些人为了国家利益,而自觉放弃了个人的荣华富贵,他们是我们学习的榜样。而有些人则正好相反,蝇营狗苟追求富贵,不惜损害国家利益,这种不道德甚至违法的行为应被我们谴责和唾弃。

人固①有一死,或②重于③泰山④,或轻于鸿毛⑤。

——西汉·司马迁《报任安书》

注释

①固:本来。

②或:有的人。

③于:比。

④泰山:比喻伟大。

⑤鸿毛:鸟的羽毛,比喻渺小。

解读

　　此语的大意是:人终究都会死去,但死的价值不同,有些人的死比泰山还重,有些人的死就比鸿毛还轻。比泰山还重的死,是指为了国家、民族和人民的正义事业而做出的牺牲;比鸿毛还轻的死,是指那些为了个人私利、损人利己的死。这就提醒我们要使自己的生命有意义有价值,就要做那些对国家、民族和人民有利的事情。

忠

位卑①未敢忘忧国。

——南宋·陆游《病起抒怀》

注释

①卑:低下,卑贱。

解读

此语的意思是:虽然自己地位低微,但是从来没有忘掉忧国忧民的责任。其主旨就是热爱祖国,揭示了人民与国家的血肉关系。热爱祖国有不同表现,对于我们每一个人来说,要关心国事,把自己的言行自觉和国家的兴衰联系起来。不是一定要做出什么轰轰烈烈的大事,但只要立足于自身岗位辛勤工作,多作奉献,就是爱国,就是忧国。一旦国家有难,就挺身而出,尽自己的力量为国分忧,为国解难。

生当作人杰①,死亦为鬼雄②。

——南宋·李清照《夏日绝句》

注释

①人杰:人中的豪杰。

②鬼雄:鬼中的英雄。

解读

这句诗是说人活着的时候要做人中的豪杰,死后也要成为鬼中的英雄。人活着就要为国家建功立业,死也要为国捐躯,诗句中洋溢着浓烈的爱国激情。

忠

不思①报国，岂②忠也哉？

——东汉·马融《忠经·报国章》

注释

①思：思考，想。
②岂：难道，怎么。

解读

此语的大意是：不想着如何报效国家，难道也能算作有忠心吗？忠是中国传统文化中最高的道德评价，是中国人最高的道德追求。如果一个人不想报效国家，就是不道德的，应当受到谴责。今天报效国家不仅是道德的要求，也是我们每一个公民的权利和义务。

思维①**得失，与国同心。**

——南北朝·范晔《后汉书·张酺传》

①维：通"惟"，思考。

此语的意思是：思考问题的利益得失，要和国家利益同步。大河有水小河满，大河无水小河干。国家强大、富裕、安定、清平，人民才能安居乐业。因此考虑个人利益时要和国家的利益相一致，才能利国又利己，实现双赢。

忠

鞠躬①尽瘁②,死而后已③。

——三国·蜀·诸葛亮《诸葛亮集·后出师表》

注释

①鞠躬:弯着身子,表示恭敬、谨慎。

②尽瘁:竭尽劳苦。

③已:停止。

解读

此语的意思是:不辞辛苦、勤勤恳恳、竭尽全力,贡献出全部精神和力量直到死为止。有理想有信仰的人终生为一个伟大的目标奋斗,值得人类景仰。诸葛亮言行一致,成为忠的楷模,他是我们学习的榜样。

见人有私欲，必以正道矫①之。

——西晋·傅玄《傅子·矫违》

注释

①矫：纠正。

解读

此语的大意是：发现别人私欲心强，一定要用正道去帮他改正。生活中既有大公无私、公而忘私的人，也有自私自利、一心只想谋求个人利益的人。与后者交往，要有意识地帮他改正错误的思想和观念，帮助他逐渐确立起正确的人生观和价值观，而不是漠然处之，任其肆意生长。这也是与人交往时"尽忠"的表现。

忠

人生自古谁无死,留取丹心①照汗青②。

——南宋·文天祥《过零丁洋》

注释

①丹心:赤诚的心。

②汗青:史册。

解读

这句诗的大意是:自古以来谁能不死呢?只要能将爱国的赤诚之心留存在史册上,虽死也无憾了。文天祥直抒胸臆的豪言壮语,强烈地表达了他面对生死抉择时宁死不屈、为国捐躯的决心。他以自己高大的民族英雄形象和掷地有声的诗句,激励了后代所有的仁人志士为忠于国家、民族奋然前行,慷慨赴死!

忠臣体①国,知无不为。

——北宋·苏轼《答李琮书》

注释

①体:设身处地为别人着想,体恤。

解读

此语的意思是:忠于国家的人体念国事,只要他知道的,一定努力去做。苏轼在写这封信时,正是因罪被贬黄州期间。此时,他仍时刻关心着边疆的局势,并根据情况,提出自己的建议。他的行为表明:一个忠心为国的人,无论处于什么样的境况,都怀有对国家的深切忧思。

忠

报①国之心,死而后已②。

——北宋·苏轼《杭州召还乞郡状》

注释

①报:报答、酬谢。

②已:停止。

解读

此语的意思是:报效国家的决心,只有到死才会停息。报效国家是志士仁人一生坚持的原则。苏轼生活在积贫积弱的北宋,国家不仅官贪吏虐,而且时刻存在外族侵略的威胁。作为一个才华横溢的诗人、怀抱兼济天下志向的官员,肃清内忧外患是他终生的追求。这种至死不渝的爱国情怀今天仍是我们应有的品质。

一片丹心①图报国,两行清泪为思亲。

——明·于谦《立春日感怀》

注释

①丹心:赤诚的心。

解读

　　这句诗的大意是:我怀着一片赤子之心渴望着报效国家,但身在他乡,思念亲人又不禁使我双眼泪流成行,表现了以国事为重而常常忍受思亲痛苦的情形。从古至今经常会遇到忠孝不能两全的困境,中华文明倡导尽忠高于尽孝,为国先于为家。爱国者们都做到了这一点。

忠

匈奴①未灭,何以②家为③。

——西汉·司马迁《史记·卫将军骠骑列传》

①匈奴:汉朝时称雄中原以北的北方游牧民族。

②何以:用什么,怎么。

③为:句末语气词,表示反问或感叹。

解读

　　这句话是西汉抗击匈奴的爱国将领霍去病,谢绝皇帝赏赐豪宅时说的。意思是说匈奴还没有消灭,我怎么能成家立业呢? 表现了他志向远大,立志扫平匈奴,保卫大汉江山社稷,让人民安居乐业的爱国精神和英雄气概。他以国家利益为重,不贪图富贵享乐,个人利益服从国家利益,以国为家的爱国品质今天仍然值得我们学习。

国尔①忘家,公尔忘私,利不苟②就,害不苟去,惟③义所在。

——西汉·贾谊《新书·阶级》

注释

①尔:语气词,表示肯定。

②苟:苟且,随便。

③惟:只,只有。

解读

此语的大意是:为了国家,可以舍弃自己的小家,为了大家,可以牺牲自己,看到利益不会随便谋取,遇到危害也不会随便离开。一切行为要看是不是符合道义。这说明,道义是一个人进行行为选择的根本因素。

忠

古之所谓公无私者，其取舍进退①无择于亲疏远迩②，惟其宜③可焉。

——唐·韩愈《韩昌黎先生集·送齐皥下第序》

注释

①进退：升降任免。

②迩：近。

③宜：合宜，适宜。

解读

此语的大意是：古代所谓公正无私的人，他们在进行工作安排或人事选拔时，其选择标准并不是根据被选择人与自己关系的好坏远近，而只是看这些人是否适合。看他的道德品质是否为公，能力是否胜任。对德才兼备者要举荐，对德才皆差者要弹劾。这表明：举荐人才的目的是为了天下人民和国家的利益，而不仅仅是为了举荐对象，更不是为了自己扩大权势，谋取私利。所以根本不考虑那些人和自己的关系。这种任人唯贤的做法，一直受到广大人民群众的认可和赞扬。

人主①有公赋②无私求,有公用无私费,有公役③无私使,有公赐④无私惠,有公怒⑤无私怨。

——东汉·荀悦《申鉴·政体》

注释

①人主:人君,君主。

②公赋:指为国家需要而征收的赋税。

③公役:指为国家需要而征调的劳役。

④公赐:出于公心而赏赐对国家有功的人。

⑤公怒:出于公心的震怒。

解读

此语的大意是:对于人君而言,他所征收的赋税、所征调的劳役都是国家需要的,而不是出于个人的需求,他进行的赏赐都是出于公心,赏给的人都有功于国家,他的愤怒也是出于公心而不是个人的私怨。这说明,作为统治者,他的所有行为都应该出于公心,而不是私意。这种公心表明了君主的忠德,即为人民尽忠,为人民服务。这就告诫今天社会上的各级管理者,他们的所作所为,都应该有利于人民,出自于公心,而不应该是出自于个人需求,只为满足一己之私利。

与人以实①,虽疏必密②;与人以虚③,虽戚④必疏。

——西汉·韩婴《韩诗外传》

注释

①实:真实,诚实。

②疏、密:指关系的疏远或密切。

③虚:虚假,不真实。

④戚:亲近。

解读

此语的大意是:真心实意地对待别人,即使原来关系疏远也会变得亲密;虚情假意地对待别人,即使原来关系亲近也会变得疏远。这句话说明了真心实意对于建立良好人际关系的重要性。人际交往贵在真诚,如果双方坦诚相见,彼此的关系就会由远及近,越来越亲密,反过来,彼此的关系就会越来越疏远。这就要求我们在与他人交往的过程中一定要以诚待人,如果心怀虚伪狡诈,那么到最后,所有的人都会离自己远远的。

守正以逆①众意，执法而违私②志③。

——三国·魏·桓范《政要论·为君难》

注释

①逆：违背，不顺。

②私：个人、家族。

③志：心意，志向。

解读

此语的大意是：有的官员公正廉明，为了长远利益、国家大局而没有顺着大多数人的意见和利益；或者为了执行法规而牺牲了个人和家族的利益。由于受到认识的局限或眼前利益的诱惑，多数人的意见并不正确，但是多数人的力量却十分巨大。一个人要顶住压力、违背多数人的意见而坚持真理，坚持正确的方向或做事方法，需要极大的勇气和信心，而这份勇气和信心的背后，就是对国家和事业的无比忠诚。因此，即使在执行公务时牺牲了个人和家族利益也在所不惜。这样的大公无私、刚正不阿的精神，特别值得我们学习。

忠

有公①心必有公道，有公道必有公制。

——西晋·傅玄《傅子·通志》

注释

①公：公正、公平。

解读

此语的大意是：有公心必然会有公道，而有公道则必然会形成公正的制度。所谓公道，就是任用人时不论亲疏，而只看他是否德才兼备；对于君主而言，更不应该根据自己的主观好恶来决定对某人的提拔或降职。"公制"则有某种约束性质，当君臣上下彼此相互理解，君主有公心，臣子也不相互猜忌，民众没有怨言时，整个社会就会呈现出一派其乐融融的和谐景象。这就告诫我们，作为一个管理者，需要具备公心和公道。

忧^①国忘家,捐^②躯济^③难,忠臣之志^④也。

——三国·魏·曹植《求自诚表》

注释

①忧:担忧,发愁。

②捐:抛弃。

③济:帮助,济难。

④志:志向。

解读

此语的大意是:因为忧虑国家而忘记自己的小家,为了拯救国家危难而捐躯献身,这是忠臣的志向。任何时代都有忠和奸、公与私的尖锐矛盾和冲突。忠于国家是实现个人利益的最高形式,因此成为历代志士仁人的伟大志向。

忠

端①身命以徇②国,经险难而一节③者,忠人也。

——东晋·葛洪《抱朴子·外篇·行品》

注释

①端:端正。

②徇:通"殉",为某种目的而死。

③节:气节,节操。

解读

此语的大意是:竭尽自己的身体和性命去赴国家的急难,经历艰难险阻却始终如一地保持节操,这样的人就是忠心之人。也就是说,那些以身殉国的烈士,那些在艰苦危难中毫不屈服的人,都具有忠的品质。

官无大小,凡事只是一个公。若公时,做得来也精彩。便若小官,人也望风畏服。若不公,便是宰相,做来做去,也只得个没下梢①。

——南宋·朱熹《朱子语类》

注释

①没下梢:没有好下场。

解读

此语的大意是:无论大官小官,做事都要公道。如果做事公道,就会做得出色。即使是一个小官,别人也会敬重信服他。如果不公道,就算是宰相那样的大官,做到最后,也没有好下场。这说明,官员能否得到百姓的拥戴,与他的官职高低、权力大小都没什么关系。那种靠权力赢得的前呼后拥往往是虚假的,只有真正为人民做事的人,才会得到百姓真正的拥戴。如果只知道谋求个人私利,即使官位再高,最后也会身败名裂。

忠

狗当吾户①,猫捕吾鼠,鸡知天时,有功于人,食②人之食,可矣。彼素餐③尸禄④,将狗猫鸡之不若⑤乎?

——北宋·石介《徂徕集·责素飧》

注释

①当吾户:为我看守门户。

②食:动词,吃。

③素餐:白吃饭。

④尸禄:比喻空食俸禄而不尽职。

⑤不若:不及,比不上。

解读

此语的大意是:狗为我看守门户,猫为我捕捉老鼠,鸡为我报时,狗、猫和鸡都对人有功劳,所以吃人的食物,是可以的。可是有些人白白地拿着俸禄却不尽心工作,难道他们连狗猫鸡还比不上吗?这句话是用类比的方式强调,一个人既然身处某个工作岗位,就应该履行好该岗位对应的职责,要干一行,爱一行,钻一行,不断培养和提高自己履行职责的能力。对于我们中小学生来说,当前的主要任务就是认真学习,培养自己报效祖国、服务社会的本领,等到长大后参加工作时,就要努力工作,尽职尽责。

忠

第三辑

范例篇

FANLIPIAN

中 国 人 的 美 德

ZHONGGUOREN
DEMEIDE

忠

　　鲁迅先生曾在《中国人失掉自信力了吗》一文中说过："我们从古以来，就有埋头苦干的人，有拼命硬干的人，有为民请命的人，有舍身求法的人……虽是等于为帝王将相作家谱的所谓'正史'，也往往掩不住他们的光耀，这就是中国的脊梁。"本辑所选正是作为中国人道德脊梁的行为故事。他们以自己的实际行动诠释了什么是道德上的崇高。这些故事不过是古往今来具有高尚道德情操的中国人的行为范例之沧海一粟。虽然他们的行为有其时代的烙印和局限，但正因其为后人立德，故而获得了不朽的意义。

直言进谏　朱云折栏

　　朱云，字游，鲁(今山东)人，是西汉时期人。他虽官阶不高，但却善于直言进谏。他的耿直忠心最终感动了汉成帝，这段故事后来被载入《汉书·朱云传》，为后人所传诵。

　　朱云在汉元帝时就曾被举荐为御史大夫，但因权臣的阻挠未能就位。不过他从未把职位放在心上，他坚守的信念是"国家兴亡，匹夫有责"。他曾在权贵之家谈论《易经》，以深厚的学识令众人叹服；他刚正不阿，敢说敢为，又曾因屡次上书直陈时弊，受到迫害而四处奔走。但这一切对他犹如浮云，即使身处逆境，他也能泰然处之，甘之如饴。到了汉成帝时，他仍然只是槐里这个地方的小县令，虽然官职很小，但他勤政爱民，深受百姓爱戴与赞许。

　　当时朝中大臣张禹因为做过皇帝的老师，被任用为丞相，并被封为安昌侯。在他年老退位后，成帝对他还很尊重，赐给他一个叫"特进"的头衔(相当于特别顾问)，朝中如果有重大事情，仍请他参与议定。于是，张禹就利用权势，处处为自己牟取私利，然而在关系朝廷和百姓的大事上，却无所作为。朱云见张禹这样欺上瞒下、为非作歹，燃起一股为国除害的决心。于是他郑重地上书朝廷，希望能面见皇上，陈述社稷安危的重大事情。汉成帝颇感意外，但也接见了这个地方小官。只见朱云气度优雅、从容不迫地走进殿堂，然后他当着满朝大臣直言不讳地指明朝政中存在的问题："现在朝中有一些大臣，对上不能辅佐陛下，对下不能造福百姓，还要白白地

领取国家的俸禄。请陛下赐给我一把尚方宝剑，我要斩杀这些奸臣，以警戒其他官员。"成帝问他道："奸臣是谁呀？"朱云说："就是安昌侯张禹。"汉成帝大怒道："你一个小小官吏，竟敢诽谤大臣，还在朝堂上辱骂我的老师，罪当处死，不能赦免！"

朱云当时非常激愤，众人交口称赞的英明皇上，却原来是非不分。御史上前要捉拿朱云，朱云不肯就范，两手紧紧抓住殿前的栏杆，奋力挣扎，竟把栏杆折断了。朱云大声说道："我有幸能与龙逢、比干为伍，一起去游地府，死而无憾。只是不知汉家天下将会怎么样呢？"(龙逢是夏朝忠臣，因直谏被夏桀杀害；比干是商朝诤臣，因直谏被商纣挖心、剖腹)汉成帝侧身坐在龙椅上，依旧怒火满胸，什么话也听不进去。这时候，左将军辛庆忌(西汉后期著名的爱国将领和名臣)叩头求情，竟把头磕出血来，他不顾一切地大声说道："皇上，朱云性情狂直，早已天下闻名。他如果说得对，不能杀他；说得不对，也应该宽恕他。臣愿以死相保，请求陛下免他一死。假如您今天把朱县令杀了，您不就是成为同桀、纣一样的暴君了吗？"正是辛庆忌的这一声怒喊，震醒了汉成帝，假如自己因为一时之怒而杀害了敢于直谏的忠臣，那岂不是要与夏桀、商纣为伍，而成为恶名昭著的无道昏君吗？汉成帝终被两位诤臣敢于进谏、直言不讳所感动，便赦免了朱云。事后，宫廷总管带人修补被折断的栏杆，汉成帝说："不要换新的了，我要保留栏杆的原样，用它来表彰敢于直谏的臣子！"

后人常用"攀栏、折栏、栏折"等指直言进谏或形容进谏激烈；用"朱云节""朱云折栏"称颂臣子敢言直谏，忠心为国的精神。

尽职尽责　舍身护主

　　东汉时期,淯阳县(今河南省南阳县)李元府上的管家李善,为人忠厚老实、勤勉厚道,多年来一直忠心耿耿侍奉主人。

　　不幸的是,光武帝建武年间,李府全家都染上了瘟疫,在很短的时间内,一家老小都相继去世了,只留下万贯家财和一个刚出生几十天的婴儿李续。当时,李家的仆人对家产都虎视眈眈,想要杀掉婴儿和李善。在险恶的处境中,感念李家恩情的李善,为了保护李续,只好放弃所有家产,连夜带着他逃到深山里,开始了艰难的隐居生活。

　　李善自己喝露水、啃野果,饥一顿饱一顿可以对付着活下去。可是婴儿还很小、很娇弱,怎么抚养和照顾他呢?李善感到无助和忧虑,他不禁跪在地上,对着苍天祈求:"孩子生下来才几十天,如果没有办法活下去,我怎能对得起主人的在天之灵呢?"说着说着,他不禁放声痛哭。想不到几天之后奇迹出现了,李善的双乳竟然流出了乳汁。饥饿难忍的李续终于停止了哭泣,开始尽情地吮吸这天赐的美味。李善看到小宝宝终于又有希望生存下来,再想到自己终于得以告慰主人的在天之灵,他忍不住跪倒在地,磕头礼拜,流下感动的热泪,感恩老天眷顾他们这样孤苦无依的人。后来在李善的细心照顾下,小婴儿一天天长大了。

　　李善对小婴儿就像慈母一样,但他自始至终都把李续看作是主人,对他非常恭敬。当李续尚在襁褓时,无论大事小事,李善都会

向他禀报。与此同时，李善还希望小主人能成为德才兼备的人，以便将来能够重振家风。所以，每天都给他讲故事，教他做人的道理。

转眼间，李续已经十岁了。他秉承了李善的品格，淳厚而善良。这时候，李善决心帮助李家恢复家业，他带着小主人终于回到了久别的故乡。他们来到官府击鼓申冤，希望能讨回公道。县令钟离意被李善的忠义深深地感动了，于是为李家平反了冤情，收回了财产，并且惩治了谋害李续的仆人。同时县令还把李善的事迹呈禀给了皇上，光武帝刘秀也非常感动，于是就礼请李善担任太子舍人，看顾太子，培养他的德行。

后来，李善做了日南（今越南广治）太守。有一次，中途经过淯阳，他命人停下轿子，脱下官服，换上粗布衣裳，一步一步地走向老主人李元的墓园。他抚摸着残损不堪的墓碑，禁不住跪地放声大哭。他亲自清理了墓园的杂草，准备了丰富的祭品奉祀主人。跪在主人的灵位前，他无限感伤地说："老爷、夫人，我是李善，今天回来探望、祭拜你们，愿你们的在天之灵都能够得到安慰……"一连几天，他都徘徊在墓园，抚着墓碑暗自流泪。

饱经沧桑的李善在任期间，非常了解百姓的疾苦，他把地方治理得很好，得到了百姓的爱戴。后来小主人李续也很有成就，做了河间的国相。

李善的美德流芳千古，人们不仅敬佩他在艰苦的处境中能够忍辱负重、尽忠职守，而且敬重他在显达之后，仍然对主人感恩戴德，即使自己已是令人尊敬的朝廷官员，但却毫不忘本，面对主人的墓碑，好像自己还是从前的李善，依然随侍在主人的身旁。

青山有幸埋忠骨　白铁无辜铸佞臣

从 12 世纪 20 年代起，黄河南北、两淮之间，掀起了轰轰烈烈的抗金民族战争。在这期间涌现了一些英勇的抗金英雄，其中一个人的故事家喻户晓，人人皆知，他就是岳飞。

岳飞从小勤奋好学，文武双全，就在他 20 岁那年，金兵侵犯中原，所到之处，烧杀抢掠，民不聊生。国家的危难，山河的破碎，百姓的苦难，使这个热血男儿悲愤填膺，卧不安席，于是他决定奔赴战场，杀敌报国。

但是他唯一放心不下的是他年过六十的老母亲姚氏，因为老人家年事已高，如果自己再离去，自然缺少照应和保护。姚氏是个普通的农家妇女，却深明大义，她决不愿意拖累儿子，而是积极勉励岳飞"从戎报国"。

岳飞临行之际，姚氏请人在岳飞背上深深地刺了"精忠报国"四个大字，希望岳飞可以谨记，奋勇杀敌，报效国家。这四个字不仅刻在岳飞的背上，也铭记于岳飞的心中。

岳飞所率领的军队一路所向披靡，屡立战功，不仅收复了被敌人侵占的大片国土，而且受到当地老百姓的热烈欢迎。而在朝廷，迂腐的宋高宗只顾享乐，与秦桧沆瀣一气，对金人一味地妥协、投降。

公元 1140 年，金兵又大举进攻南宋。在东、西两线取得对金大捷的形势下，岳飞带兵从长江中游挺进，准备实施锐不可当的反

精忠报国

击，他一面派人到河北一带联络当地的民间抗金组织，一面亲率大军进攻。终于在郾城，两军展开了激战。金军投入精锐骑兵一万五千人，以头戴铁盔、身穿铁甲的三千"铁甲兵"打前锋，以号称"拐子马"的骑兵居左右，列队进攻。岳飞也毫不示弱，指挥儿子岳云等率军应战。英勇的将士们手持刀斧，冲入敌阵，上砍骑兵，下砍马腿。双方从下午激战到天黑，宋军大获全胜，追杀金军几十里。

之后岳家军乘胜前进，抵达开封的朱仙镇，北方人民在岳飞取得胜利的鼓舞下，抗金情绪高涨。岳飞请求宋高宗下令北伐。宋高宗和秦桧却害怕抗金力量壮大，会威胁自己的统治，于是再次向金求和，并命令岳飞撤军。岳飞愤慨地说："十年的功劳，一天就断送了！"

公元 1141 年，宋高宗解除了岳飞等抗

金将领的兵权。秦桧又派他的爪牙诬陷岳飞谋反，把岳飞和他的儿子岳云逮捕入狱。另一位抗金将领韩世忠去质问秦桧凭什么说岳飞谋反，秦桧拿不出证据，只能厚颜无耻地说："莫须有。"韩世忠愤怒地对他说："'莫须有'三字何以服天下！"公元 1142 年初，宋高宗和秦桧杀害了岳飞。那年，岳飞仅 39 岁。

岳飞被害后，终于在被认为是南宋最杰出的皇帝宋孝宗在位期间得到平反，他专门为岳飞修建了岳飞墓并将他的遗骨埋葬于此，而在岳飞墓前还铸有四个铸铁跪像，他们是秦桧及他的妻子等人，这等奸佞罪臣世世代代跪在那里以求得英雄对他们的原谅，在这塑像背后有一副著名的楹联，那就是"青山有幸埋忠骨，白铁无辜铸佞臣"。的确，青山因能够埋葬一代英雄的遗骨而感到荣幸，白铁却要铸造这让世人唾骂的奸臣，实在是无辜。

岳飞虽然被奸臣所杀害，但他身先士卒、精忠报国的事迹被广为传唱。正是他，在国家面临分裂的危难关头，坚持了抗金的正义斗争，保住了南宋半壁河山，使南宋人民免遭金统治者的蹂躏。他不愧是我国历史上一位杰出的民族英雄。

忠

台州大捷　兵家绝唱

　　明朝嘉靖年间，浙江一带倭患严重，民不聊生。嘉靖三十四年，出身于将门世家的戚继光被调到浙江任都司金书，第二年又升职做了参将，负责镇守宁波、绍兴和台州这三个地方。戚继光多次和倭寇(元末到明中叶多次在朝鲜和我国沿海抢劫骚扰的日本强盗)发生战斗，先后取得了多次胜利，成为大家心目中的"抗倭英雄"。

　　刚开始，戚继光在之前的战斗和演习中发现军队由于平时缺乏训练，再加上士兵们都是老弱病残，将领也都是纨绔子弟，战斗力非常差，于是他想重新组建军队。嘉靖三十八年，戚继光无意中看到义乌矿工与永康矿工几万人在一起打架的场面，他不禁惊呼："如果有这样一支队伍，足可以抵挡三军了。"于是他在矿工中招募了近4000人，进行了严格的训练，不久这支部队就成为行动迅速、以一当百、军纪严明的劲旅，这就是著名的"戚家军"。第二年，针对沿海水草丛生的沼泽地带比较多、倭寇小股分散的特点，戚继光创立了既利于进攻又利于防守的"鸳鸯阵"。

　　嘉靖四十年夏天，成千上万的倭寇乘着几百只船在浙江上岸，四处骚扰当地居民，人们都非常愤怒。这些倭寇还妄想偷袭台州。戚继光在得到情报以后，火速赶到距离台州二里路的花街，在那里列队迎战敌人。只见一个倭寇首领拿着一支长矛，耀武扬威地来阵前挑战。戚继光当时就脱下身上穿着的银铠战袍，大声说："谁能杀了这个人,这件战袍就送给谁。"一个叫朱珏的壮士应声出列,挥动大刀直冲敌阵,手起刀落,转眼间就砍下了倭寇首领的脑袋,接着又砍杀了7个敌人。倭寇见此情景,都很害怕。戚家军乘胜出击,摆出了"鸳鸯阵",一时间鼓角声声,杀气冲天。

这帮倭寇从来没有见过戚继光的"鸳鸯阵",哪里知道厉害,一个个依旧"嗷嗷"叫着冲上来。戚继光令旗一摇,喊了一声:"掷!"阵中的短刀手和藤牌手立刻把手中的标枪掷了出去。几百支标枪在空中抖动着,发出吓人的"嗡嗡"声。转眼之间,就仿佛长出了一片"标枪林",倭寇阵中,立刻有上百人倒下;戚继光又将手中令旗挥舞几下,一支支狼筅伸了出来,如同一排排咬人的利牙。冲在前面的倭寇要么是被狼筅钩倒,要么是被长矛刺中,即便有的冲到了跟前,却又被藤牌挡住,紧跟着大刀就砍了过来。敌人根本无力抵挡,只能丢盔弃甲,狼狈地逃跑了。

戚家军乘胜追击了40多里地,那些逃跑的倭寇基本上都被他们赶到江里淹死了。花街这一仗,歼灭500多个敌人,救出5000多个百姓,而戚家军却只阵亡3个人。

就在花街歼敌后的几天,一支2000多人的倭寇又流窜到台州东边的大田,想要夺取台州。当时,戚继光身边只有1500名将士,但他毫无惧色,鼓励士兵勇往直前。倭寇看到台州有防备,就退兵又想要袭击处州。戚继光想到敌人一定会经过上峰岭,于是就率领将士从近路先赶到上峰岭,在那里设下埋伏。

上峰岭是光秃秃的山,要想隐藏起来很难,戚继光就想了一个办法,让士兵每个人都在手里拿上松树枝,伪装成松林。不一会儿,一群倭寇果然朝着上峰岭的方向来了,远远看去,岭上只是一片松树,四周很是寂静,没有觉察出什么异样,于是就放心大胆地前进。等到他们进了埋伏圈,戚继光一声令下,伏兵居高临下,犹如天兵下界,把倭寇队伍从中截成两段,倭寇立刻乱成一团。有些被杀死了,有些掉下山涧摔死了,还有些下跪求饶。除少数逃跑外,大部分都被消灭了。

戚继光率军在花街、上峰岭、藤岭、长沙等地大败倭寇,13 战 13 捷,消灭倭寇 5400 多人,但己方却只牺牲 20 人,这不仅创造了战争史上的奇迹,更使倭寇遭到毁灭性的打击。从此,戚家军被誉为"神军",倭寇闻风丧胆,再也不敢骚扰我国边境,横行几十年的浙江倭患就此平息了。

收复台湾　捍卫领土

　　提到郑成功，无人不知，无人不晓，他一生最大的功绩就是以武力收复台湾，结束了荷兰人在台湾 38 年的殖民统治。

　　明末清初，被称为唐王的隆武帝在福建建立了政权，一心想要恢复明朝江山，他信任的军事首领叫郑芝龙。郑芝龙最感到骄傲的，就是有一个文武双全，年轻有为的儿子郑成功。有一次，郑芝龙带着郑成功去见唐王，唐王很赏识郑成功，封他为招讨大将军，敕姓"朱"。在当时，能够姓皇家的姓是一种特殊的荣耀，因此郑成功被尊称为"国姓爷"。

　　唐王政权是一个短命的小朝廷，一年之后，清军就攻入了福建。郑芝龙为了保存实力，背叛唐王而投降了清朝，22 岁的郑成功对父亲的这种行为极为痛恨，决定与父亲决裂，然后在厦门组织起一支抗清的队伍。他率领这支队伍南征北战，但因兵力弱小，接连打了一些败仗，地盘也越来越小。郑成功十分焦虑，希望找到一个安全的地方作为根据地。

　　明朝末年，欧洲的荷兰人趁明朝统治者腐败无能，霸占了台湾的海岸，修建城堡，还向台湾人民勒索苛捐杂税，台湾人民不断反抗，但遭到荷兰侵略军的镇压。郑成功在少年时代就曾亲眼看到荷兰侵略者对沿海人民烧杀抢掠，因此对侵略者非常憎恨，于是，赶走侵略军，收复台湾就成了他的一个战略目标。

　　恰好这时候，从台湾来了一个人，要见郑成功。这个人叫刘斌，是台湾汉族人的首领,给荷兰人当翻译。他一见到郑成功,就跪下了,流着眼泪说:"郑将军,请您救救台湾的百姓吧。台湾百姓受红夷(当时中国人对荷兰人的蔑称)欺凌了30多年,实在是无法忍受了。"说着,从怀中掏出一张亲手绘制的台湾地图,又向郑成功详细地说明了台湾水路变化和荷兰人的设防情况。

郑成功听完刘斌的哭述,心情很激动,他仿佛看到台湾百姓在血雨腥风中向他伸出一双双求援的手。他扶起刘斌,捧着地图,抚摸着刘斌的后背说:"你放心吧,这件事我自有安排,我一定要率领大军踏平波涛,解救台湾百姓,把红夷赶出台湾。"

经过周密的准备,公元1661年,郑成功率领大军25000人,分乘几百艘战船出发了。船队刚到澎湖岛,就遇上了暴风雨,一连几天都不能前进。面对恶劣的天气,郑成功忧心如焚,他担心这样耽搁下去会影响士气,还可能走漏风声。他决心乘风浪正急时开航,此时出海九死一生,郑成功坐中军船在前面引航开路,将士们被他的勇猛深深打动了,驾船紧跟在他的后面。

4月1日黎明时分,海上风暴停了,船队悄然到达鹿耳门。鹿耳门是台湾的门户,那里暗礁星罗棋布,号称天险,船只很难通过。但由于有刘斌的地图指引,再加上有熟知水情的人带路,因此,很快驶过鹿耳门,进入木寮港。台湾百姓听说郑成功大军来了,奔走相告,纷纷赶着牛车接引郑军登陆。不到两小时,郑军几千名登陆大军都安全地上了岸。

天亮后,得知郑成功已率军到达台湾的荷兰总督揆一,怎么也弄不明白这是怎么一回事,他急得哇哇乱叫:"上帝!鹿耳门早已淤

75

浅,郑成功难道能飞过来吗?"没等揆一清醒,郑成功已派 4000 名陆军兵分两路,从正面和侧翼向持枪死守阵地的荷兰人进攻,箭矢雨点般地射向敌人,荷兰士兵见中国人如此勇敢,吓得魂飞魄散,还没开火就乱了队形。仅半个小时,贝尔德上尉和他的部下 118 人就被击毙。

在海上,郑军也取得了胜利。荷兰人有三艘高大坚固的战舰,每艘战舰都被几十只中国小船团团围住,根本施展不开强大的炮火。很快,荷兰最大的战舰爆炸沉没了,其他两艘见势不妙,一艘转头逃往外洋,另一艘一溜烟地逃回城堡下的海湾。

揆一看武力不行,就耍花招,派使臣去见郑成功,表示愿送十万两白银请郑成功退兵。郑成功断然拒绝,义正词严地说:"台湾是我们先人的故土,你们必须立刻退出。只要你们退出台湾,那些金银财宝,你们可以全部带走。"被围困的荷兰殖民强盗,饥渴病伤,狼狈不堪。揆一拖了几个月,无计可施,只好宣布投降。台湾终于回到了祖国的怀抱。

宝岛台湾自古以来就是中国领土不可分割的一部分。郑成功收复台湾是中国人民抗击殖民强盗的一次重大的胜利,既维护了中华民族的利益,也捍卫了中国主权和领土的完整。郑成功也因此成为彪炳史册的民族英雄,受到后代人们的颂扬。

苟利国家生死以　岂因祸福趋避之

18世纪后期，英国开始向中国倾销鸦片。因吸食鸦片，许多人家破人亡，无数士兵瘦骨嶙峋，连拿起武器的力量也没有，官吏们则变本加厉地贪污受贿、盘剥百姓；而白花花的银子，就像水一样流到英国人的手里，让他们心花怒放。

朝廷上一些有见识的人对此特别忧虑。林则徐在给道光皇帝的奏折中写道："如果不革除烟害，几十年后对于国家来说，既筹集不到饷银，也没有可用的士兵。"道光皇帝也深深感到鸦片对清朝统治的威胁，于是采纳了林则徐的禁烟主张，并任命他为钦差大臣，到鸦片买卖最严重的广州禁烟。

林则徐临行前去拜别老师沈维桥，沈维桥特别为他的前程担心，但林则徐用一首诗来表明自己的态度，诗中有一句是"苟利国家生死以，岂因祸福趋避之"。意思是说只要对国家有利，不论生死，也要去做；怎么能因为个人的祸福而避后趋前呢。

林则徐到了广州后，首先微服召见了邓廷桢和关天培，希望得到他们的支持和帮助，同时了解广东烟害，暗中调查与洋人勾结走私鸦片的官吏。当一切准备好了以后，邓廷桢把两广官员都召集到一起。等官员们都到齐了，邓廷桢突然站起来高声宣布："钦差大臣林大人到！"官员们一震，没等他们从惊愕中清醒过来，林则徐已经在大堂上表情严肃地坐下了。他威严地扫视着堂下的官员们，义正词严地说："我这次是奉皇上的命令到广州禁烟的，凡是勾结洋人贩卖鸦片的,一律严惩,不过,自首的人可以从轻处罚。"堂下的官员们窃窃私语,但没有人站起来招认。

几分钟以后,林则徐冷笑一声,突然叫出了几个人的名字。被叫到名字的贪官立刻面无人色,魂飞魄散,早已守候在堂外的士兵,立刻冲进来,把这些贪官污吏捆绑起来。接下来,林则徐勒令英国商人立即缴出全部鸦片。

当时,英国最大的鸦片商人颠地迫于压力,出面将码头上的1000多箱鸦片上缴给清政府,但暗地里,却联合其他的英国商人把20000多箱鸦片藏了起来。林则徐看透了他们的这种小把戏,命令英国商人必须缴出全部鸦片,并传讯颠地。颠地躲进英国商馆,后来英国驻华商务监督义律又让颠地躲到英国的军舰上。

这天半夜,天黑漆漆的,颠地换上中式的长袍马褂悄悄地溜出了商馆。他藏在黑暗里,脸上挂着得意的笑容,侥幸有这样好的时机逃走。但突然有两双大手把他按倒在地。其实邓廷桢早就派人把英国商馆监视起来了。

林则徐连夜审讯颠地,颠地颤抖着,不敢直视林则徐。林则徐严厉地说:"你回去告诉义律,天亮之前不缴出全部鸦片,谁也不许离开商馆!"颠地狼狈地被押送回去。义律听完他的话,不相信林则徐会动真格的,仍拒绝缴出鸦片。

天亮了,义律揉揉疲乏的双眼,打开了窗户。眼前的情景让他惊呆了。商馆的周围竟然站满了中国士兵。不仅如此,商馆里那些曾经为英国人服务的中国人也全部跑光了。这下子,商馆里的水和食物都断绝了,因为这些东西平时都是中国人从外面运进来的。

虎門

　　可义律还妄想抵抗下去。他自以为想到了一个好办法。夜幕降临时,颠地带着两个年轻的英国商人,抬着一只重重的皮箱来拜见林则徐。在林则徐面前,颠地的脸上带着诡谲的微笑,他轻轻打开了皮箱,里面是满满的银圆。林则徐拍案而起,双眼好像喷出了火一样,怒喝道:"盖上你的皮箱,别脏了我的屋子。滚出去!"义律终于无计可施,只好答应缴出全部鸦片。

　　1839年6月3日清晨,广州军民就像过节一样拥向了虎门海滩。海滩上早已挖好两个大销烟池,每个都是15丈见方,池中注满了水。林则徐一声令下,民夫们将鸦片全都扔到池水中,然后又把生石灰倒进池里。刹那间,池中腾起白色的烟雾,就像开锅一样翻滚起来。围观的百姓点燃鞭炮,欢呼雀跃。在鞭炮和欢呼声中,销烟池开启了通向大海的闸门,销毁的鸦片被冲入大海,随着波浪消失在大海的深处。

　　虎门销烟的磅礴气势震惊了世界,就像巍峨的昆仑山挺起了中国人民的脊梁。它向世界展现了中华民族坚韧不拔、不屈不挠的民族精神,成为中国近代史上反对外来侵略最光辉的篇章之一。林则徐也因此成为近代禁毒的民族英雄而载入史册。

英勇无畏献身祖国

　　面对公与私、生与死的考验，有些人选择苟且偷生，而有些人则会义无反顾地选择牺牲自己、勇敢赴难，与祖国同存亡，共进退。爱国将领邓世昌就是这样的人。

　　邓世昌是中国最早的一批海军军官之一，是清朝北洋舰队中"致远号"的舰长。少年时期的邓世昌，目睹了清政府腐败无能，任帝国主义瓜分、掠夺中国的土地、财富。在随父漂泊上海的日子里，他又亲眼看到外国兵舰在黄浦江上横冲直撞，胡作非为，于是他逐渐萌发了反侵略的爱国思想。他深深感到国家要有强大的海军，才能不受外敌欺凌。1880 年，李鸿章为建设北洋水师而搜集人才，邓世昌因"熟悉管驾事宜，为水师中不易得之才"而被调至北洋属下成为一名海军军官。他怀有强烈的爱国心，时常对士兵们说："谁没有死的那一天呢？但愿我们能死得其所，死得值！"

　　1894 年，中国和日本之间爆发了甲午战争。北洋水师担负起保卫祖国的重担，邓世昌多次表示：如果在海上和日本的舰船相遇了，而又不能摆脱危险时，就一定要和敌人的舰船同归于尽！后来，在大东沟海战中，邓世昌实现了自己的誓言，壮烈殉国，表现出了一名中国军人不屈不挠的民族气节和崇高的爱国主义精神。

　　1894 年 9 月 17 日中午 12 点左右，北洋舰队正航行在大东沟海面，与悬挂美国国旗的日本海军联合舰队遇上了。日本舰队换上日本旗后突然向北洋舰队开炮，北洋舰队的"定远号"首先开炮还击。10艘北洋舰队的军舰和12艘日本海军的军舰展开了一场近代军事史上罕见的激战，这就是黄海大战。黄海海面顿时炮声隆隆，火光一片。邓世昌亲自指挥作战。这时日本舰队采取两翼包抄的战术，使北洋舰队前后受敌。尽管形势极为不利，但广大中国官兵毫不畏缩气馁，反而越战越勇。日本舰队又集中火力攻击北洋舰队的指挥舰"定远号"，日本舰队的炮火击中了定远舰的桅杆和帅旗，提督丁汝昌受了重伤，在经过简单的包扎后，他仍然坚持坐在甲板上鼓舞士气，定远舰管带右翼总兵刘步蟾代替他进行指挥。

面对这样的危急情况，身为舰长的邓世昌立即命令在自己的舰上升起旗帜，紧跟在定远舰后面，吸引敌人的注意。他镇定地指挥致远舰勇猛冲击敌人的舰队，日本的舰队被他们猛烈的攻击拦腰截断了，其中敌人舰队中的"比叡号"和"赤城号"都受到严重的损伤，"赤城号"舰长坂元也在战斗中被打死了。

战争持续到下午2点30分时，已被分割成两部分的日本军舰"吉野""高千穗""秋津川"和"浪速"号，凭借速度快的优势，渐渐逼近了定远舰，敌人妄图集中火力打沉北洋舰队的旗舰定远舰，这样我们的舰队就会因为失去指挥而失败。

邓世昌心里很清楚，定远舰的安危关系到整个舰队的胜败。于是他下令士兵开足马力，把致远舰驶到定远舰的前面去直接面对敌人的炮火。与此同时，致远舰前后的火炮一齐开火，接连击中日本船舰。日本船舰见到致远舰要冲过来，于是就开始围攻致远舰，致远舰受了重伤，弹痕累累，开始倾斜，船上的炮弹也打光了。邓世昌感到最后的时刻到了，对部下说："我们就是死，也要死出

中国海军的威风,报国的时刻到了!"他于是下令开足马力向日本船舰"吉野号"冲过去,要和它同归于尽,这种大无畏的气概把日本人都吓呆了。

这时,一发炮弹不幸击中致远舰的鱼雷发射管,发生大爆炸,导致致远舰沉没。200 多名官兵大部分牺牲,邓世昌也坠入大海,他的随从跳入海中抛给他一个救生圈,但他认为全船的人都已壮烈殉国,自己也决不活着。于是又把救生圈扔掉,任凭自己沉下水去。邓世昌平时养了一条狗名叫"太阳",这条狗也飞速游过来,咬住他的胳膊,不让他下沉。邓世昌赶了它几次,它也不肯走,并且又用嘴叼住邓世昌的发辫。最后,邓世昌狠了狠心,把狗的脑袋按入水中,自己和它一起沉入大海,献出了宝贵的生命。此时,邓世昌只有 45 岁。

邓世昌牺牲后举国震动,光绪帝垂泪写下"此日漫挥天下泪,有公足壮海军威"的挽联,并赐予邓世昌"壮节公"谥号,以缅怀这位爱国英雄。威海百姓被其忠烈所感动,也于 1899 年在成山上为邓世昌塑像建祠,以表永久敬仰。1996 年 12 月 28 日,中国人民解放军海军命名新式远洋综合训练舰为"世昌舰",以示纪念。

我是中国人

19 世纪 30 年代,当时的中国人备受帝国主义列强的欺凌,身在国外的中国人往往会遇到各种不公平的待遇,如头等旅馆不接待中国人。然而 1931 年就在纽约街头可以看到这样一个中国人,他的胸前赫然挂着"我是中国人"的牌子,昂首阔步行走在大街上,他就是吉鸿昌,一个堂堂正正的中国人。

吉鸿昌是河南省扶沟县人,1913 年加入冯玉祥部队,因骁勇善战,多次立下战功,从士兵一级级升任至军长。1930 年 9 月,吉鸿昌率领的部队被蒋介石改编,后来任第 22 路军总指挥兼第 30 师师长,曾奉命"围剿"鄂豫皖革命根据地。面对外侮,吉鸿昌不希望中国人自相残杀,所以对"围剿"红军的态度消极。

1931 年,在震惊中外的九一八事变之后,日本帝国主义侵占了我国的东北三省。蒋介石为了阻挠吉鸿昌的抗日活动,强令他带着家属出国,名义上是"军事考察",实际上是夺去了他的军权,将他流放国外。

在美国纽约,有一次,吉鸿昌穿着整齐的军装,率领一行从属人员走在大街上,突然有人拦住他,故意问道:"你是日本人吧?!"因为当时的美国,对中国人十分歧视,而对日本人却奉若神明。吉鸿昌压住火气,通过翻译回答说:"不,我是中国人!"对方听了摇摇头表示不相信,说:"中国人?东亚病夫!怎么可能有如此魁梧高大的军人……"

又一次，吉鸿昌到纽约的一家邮局寄送东西，在那里工作的人员故意问他说："你是哪国人？"吉鸿昌大声地回答："我是中国人！"对方面带嘲讽地说："中国？地图上已经找不到中国了。"

接连受到这样的嘲笑和侮辱，吉鸿昌气愤异常，连饭也吃不下去。他严肃地说："侮辱我本人，我并不放在心上，可我们是代表中国来美国考察的，他们这样做，侮辱的是我们整个国家、整个民族。"他坚决地表示："下次外出时，就带上'我是中国人'的牌子，要让外国的朋友们都知道中国人是有血性的，拥有五千年文明史的中华民族一定会重新振兴起来的！"

于是，他真的用草板纸自制了一个长方形牌子，约半尺长，上面用毛笔工整地写着"我是中国人"五个大字，并在下边标注上英文"I am a Chinese."每次出门前，他都把这个牌子戴在胸前，昂首阔步地走在人群中，在外国人面前，他捍卫了中华民族的尊严，显示了身为中国人的骄傲和自豪。他还通过记者的采访，以事实揭露了日本侵略中国的种种罪行，并斥责英国纵容日本侵略中国和蒋介石对日妥协的丑恶行径。

1932 年 1 月，吉鸿昌回国后，联络、发动旧部，为抵抗日本侵略者奔走呼号，并变卖家产购买枪械，组织武装抗日。不幸的是，1934 年 11 月 9 日，在天津法租界，吉鸿昌被军统特务暗杀受伤，然后被法租界工部局逮捕，并引渡给北平军分会。面对敌人的迫害逼供，吉鸿昌大义凛然地说："我能够加入革命的队伍，能够成为共产党的一员，能够为我们党的主义，为人类的解放而奋斗，这正是我毕生的最大光荣。"

1934 年 11 月 24 日是吉鸿昌殉难的日子。面对"立时枪决"的命令,吉鸿昌镇定安详地向敌人要来纸和笔,挥笔疾书,写了自己坎坷曲折而终于走向革命道路的一生,然后披上斗篷,从容不迫地走向刑场。他用树枝做笔,以大地为纸,写下了气吞山河的就义诗:"恨不抗日死,留作今日羞。国破尚如此,我何惜此头!"

之后吉鸿昌声色俱厉地对特务喝道:"我为抗日而死,为革命而死,不能跪下挨枪,死后也不能倒下,给我拿把椅子来!"吉鸿昌又命令道:"到前面开枪!共产党员要死得光明正大,决不能在背后挨枪!"当特务在吉鸿昌面前颤抖着举起枪时,他振臂高呼:"中国共产党万岁!""打倒日本帝国主义!""中国革命万岁!"

在这震山撼岳的呼喊声中,英勇的共产党员、中华民族的英雄吉鸿昌壮烈地牺牲了,年仅39岁。

我是中国人
I am a Chinese.

巾帼豪杰宁死不屈

当我们今天坐在窗明几净的教室里学习时，当我们在周末慵懒地享受生活时，可曾想过现在的幸福时光其实是当年无数英烈用鲜血和生命换来的。八年的抗日战争我们打得壮烈，在日本侵略者面前，中华民族的儿女们凝结成了一股绳，在民族存亡的最后关头，爆发出了民族的最强音。最终我们赢得了这场战争的胜利，也赢回了世界对这个坚强民族的尊敬。赵一曼就是在抗日战争中涌现出的一位可歌可泣的女英雄。

九一八事变后，年轻的赵一曼被党派往东北从事抗日斗争。她先在哈尔滨做了两年工作，后来因为组织被破坏，又去了珠河县（今黑龙江尚志市）。在这里，赵一曼广泛发动群众，支援抗日。在敌人残酷的扫荡面前，她说："我们不能再赤手空拳等着挨打了，一定要武装起来，拿起刀枪抗日救国！"但是，枪从哪里来呢？

赵一曼经过精心策划，开始了端掉伪军哨所的行动。一天夜里，赵一曼带领一个五人行动小组出发了。一夜之间，他们搞掉好几个敌人的哨所，弄到了一批枪支弹药。接下来，赵一曼开始带领大家操练。有一次，正在操练的时候，交通员急匆匆地跑来报告，说有20多名日本兵要经过这里。赵一曼决定对他们实施伏击，于是带领大家埋伏在敌人的必经之地——关门嘴。过了一会儿，果然有一个挎着洋刀的日本鬼子军官，骑着高头大马，大摇大摆地带领一队日本鬼子走过来。当日本鬼子越来越近时，赵一曼悄悄地对身边的人说："把枪口对准日本鬼子军官,我一喊打就开枪!"大家一个一个地轻声传递着口令。只听赵一曼一声令下:"打!"日本军官惨叫一声,一头栽到马下,鬼子的队伍就乱了套,死的死,逃的逃。赵一曼又大声喊道:"冲啊!"所有人都一跃而起,就像离弦的箭一样冲向敌人。最终,这场伏击战大获全胜。大家都喜气洋洋,士气大增。

1935 年,东北的抗日斗争非常艰巨。日伪军到处杀人放火,不断进行"大讨伐"。抗日联军不得不转入深山老林,由于敌人加紧进行封锁,抗日联军与群众的联系被隔断了,既没有粮食吃,严寒的冬天也穿不上棉衣。生活尽管艰苦,但战士们都斗志昂扬,情绪饱满。

1935 年 11 月,部队来到一个叫左撇子沟的地方。这里本来是我们的根据地,但经过敌人讨伐,群众纷纷逃离,已经变成一片废墟了。这天夜晚,赵一曼和团长王惠同借着篝火的光亮,摊开军用地图,研究下一步的行动路线。快到黎明时,赵一曼倚在树上想眯一会儿,突然,"啪!啪!"传来两声枪响。有 600 多个日伪军包围上来,赵一曼看敌人势众,就带领一个班掩护,并让团长王惠同带领大家突围。但终究寡不敌众,在向敌人投出最后一颗手榴弹后,赵一曼纵身一跃向沟底滚去。

深夜,伸手不见五指。赵一曼醒来,摸黑向前爬了几步,发现有动静,听声音不像是敌人。她轻声问道:"谁?"对方也轻轻地说:"是政委吗?我是老于。"老于发现赵一曼受伤了,迅速给她包扎起来,然后扶着她向帽儿沟走去。天快亮时,他们又遇到一个女队员,从她口中得知，团长带领队伍突围失败了。天亮以后，他们发现一座小木屋，小木屋的主人姓张。张老汉把赵一曼他们让进屋里，给他们做了点儿吃的。

可万万没想到的是，就在张老汉点火做饭时，烟囱里冒出的炊烟让敌人发现了。敌人悄悄地扑了上来，经过一番激战，老于牺牲了，赵一曼被敌人抓住了。当时，赵一曼的右腿被子弹打穿，露出了骨头，她的肩头和右腕也受了伤。血水染红了棉裤和棉袄，被冷风一吹，冻得硬邦邦的。在被押往县城的山路上，颠颠簸簸使赵一曼疼痛难忍。但一路上，她还领着大家高喊口号："打倒日本帝国主义！""不当亡国奴！"

赵一曼被带回哈尔滨后，凶残的日本军警对她进行了各种严酷的刑讯，其中还包括电刑。但她始终坚贞不屈，没有吐露任何实情。一天，她和团长王惠同被一起押到了县城小北门外的一个广场上，他们被推到刚刚挖好的土坑前，凶

狠的日本鬼子军官挥着军刀狂叫着："给你们三分钟时间，大部队到哪儿去了？"赵一曼轻蔑地说道："可笑！"日本军官气得跳起来，下令开枪。在这最后的时刻，赵一曼和王惠同同时高喊："中国共产党万岁！"枪声响了，但只有王惠同倒下了。原来敌人让赵一曼陪绑，是想摧毁她的意志。这时，赵一曼已经奄奄一息，敌人把她送进了医院，让大夫保住她的生命，准备继续审讯。待伤势刚好一点儿，日寇又在病床前审问，赵一曼依然坚不吐实，日寇拳打脚踢，她的伤口再度破裂，又昏迷了过去。在旁的医护人员甚至包括看守的警察都对她这种宁死不屈的意志感到敬佩。后来，赵一曼在一个看守的帮助下逃出了医院，可就在寻找抗日联军的路上，又被敌人给抓了回来。

日军知道从赵一曼的口中是得不到任何有用的情报了，便决定把她送回珠河县处死"示众"。1936 年 8 月 2 日，敌人将赵一曼押到了珠河县小北门外。赵一曼知道，最后的时刻到来了。她艰难地走到草丛中站定，憔悴的脸上闪着异样的光彩。

"赵一曼，你还有什么话说？"敌人凶狠地喊道。

赵一曼挺起胸脯高喊："打倒日本帝国主义！""中国共产党万岁！"

在罪恶的枪声中，赵一曼倒在血泊中。这一年，她只有 31 岁。

坚决抗日　反对卖国

　　陈嘉庚，一名优秀的实业家，更是一位著名的爱国华侨领袖。年轻的时候，他通过艰苦奋斗实现了自己的人生理想，后来他把自己毕生的财富和智慧都无私地奉献给了祖国。生前他被毛泽东称誉为"华侨旗帜、民族光辉"。

　　陈嘉庚先生曾经和后来投靠日本的汪精卫有特别好的交情，但这并没有使他在大是大非面前动摇立场。汪精卫在担任国民党副总裁后表现出了亲日倾向，陈嘉庚多次打电报进行劝说。针对汪精卫公然发表的对日和平谈话，1938年10月28日，陈嘉庚立即从新加坡给国民党参政会第二次大会(汪精卫为参政会主席，相当于议长)拍了一个电报提案，提案的内容只有28个字："在敌未退出国土以前，公务人员任何人谈和平条件者以汉奸国贼论。"这个提案通过时，又被修改成了11个字——敌未出国土前言和即汉奸。邹韬奋先生称此提案是"古今中外最伟大的一个提案"。

　　除此之外，整个抗日战争期间，陈嘉庚先生为中国、为中华民族倾尽心力。他领导南侨总会，积极开展捐献和募捐活动，有力地支援和保障了国内的抗战需要。就拿1939年来说吧，这一年抗战经费是18亿元，华侨汇回祖国的捐款就有11亿元，其中，南洋华侨的捐款将近5亿元。

　　1938年以后，南京沦陷了，国民党政府迁到重庆。当时位于西南边陲的滇缅公路，成了国内仅存的运输大动脉。1939年间，陈嘉

庚先生动员和组织南洋的华侨技工和司机，先后有 9 批 3200 名，通过缅甸进入国内，投身到服务抗战的洪流中去，以确保抗战急需物资运输的畅通。

陈嘉庚先生还致力于保证工人们必要的经济需求和生活待遇。工人们有时候会受到不公正对待，陈嘉庚为此四处呼吁，并且不顾自己 67 岁高龄，到滇缅公路进行实地查看，帮助工人们解决实际困难。

1940 年 5 月 31 日，他率领南洋华侨慰问团去延安访问，受到延安各界的热烈欢迎。他曾经非常拥护蒋介石政权，而经过这次延安之行后，彻底抛弃了从前对中国共产党的偏见，这可以说是陈嘉庚先生政治生涯的第二个里程碑。

在延安，共产党人蓬勃向上的精神面貌，简朴的生活，清明的政治都给陈嘉庚留下了深刻、美好的印象。他没有想到，被蒋介石诬蔑为"土匪"的毛泽东和朱德等领导人竟是如此平易近人，风度翩翩，他们和普通士兵在一起，吃最简单的饭菜，穿最朴素的粗布衣服。他没有想到延安的华侨学生和广大的青年、战士、百姓都是如此地热爱共产党，并积极地建设着一个不同于国统区的新延安！他非常感慨地说："中国的希望在延安！"

他曾经这样描述他的延安之行——"如拨云雾见青天"，"余观感之余，衷心无限兴奋，梦寐神驰，为我大中华民族庆祝也"。进而他断言："国民党政府必败，延安共产党必胜。"

从此，他开始积极地向往中国共产党的革命。1949 年，他应毛主席电邀，从国外回来专门出席全国政协会议，参加开国大典。当他看到伟大的祖国站立起来时，更是决心定居祖国，为祖国的建设事业服务。

作为一个华侨，陈嘉庚先生自始至终都怀有强烈的爱国情感。他那情系同胞、挚爱祖国的精神，永远都是华夏儿女学习的榜样。

感动中国的爱情天梯

重庆西南部有一座千年古镇——江津中山镇，从中山镇再往南 30 多公里，是一片连绵起伏、人迹罕至的深山，在深山里有一座高山叫做半坡头，山顶海拔 1500 米。2001 年中秋，重庆渝北区的一队户外旅行者到这一带的原始森林探险，意外地发现这里有一条人工修筑的石梯通往山顶。后来在山顶上，队员们遇到一男一女两位老人，他们互称对方为"小伙子"和"老妈子"，他们穿着老式的蓝布衫，听说队员们来自大城市，于是问了一句话："毛主席他老人家身体可还好？"后来经过交谈，队员们了解到老人原本是山下中山镇高滩村的村民，女的叫徐朝清，男的叫刘国江。那条石梯就是刘国江凿下的。那么，他们为什么会来到深山密林里居住呢？又为什么会凿下这条石梯呢？这里有一段曲折动人的爱情故事。

1942 年 6 月，当时年仅 16 岁的徐朝清嫁到了长乐乡(现长乐村)高滩村大富之家吴家。按照山里的习俗，掉了门牙的孩子只要被新娘子在嘴里摸一下，新牙就会长出来。6 岁的刘国江刚好在几天前磕断了门牙，当新娘子漂亮的手放到他嘴里时，他紧张地咬住了。有点儿嗔怒的新娘子掀开了轿子的布帘，于是小国江看到了一个仙女般的新娘子。从此后，这个美丽的新娘子就牢牢地印在了刘国江的心中。

徐朝清和丈夫的感情很好，可是天有不测风云，这样美满的生活只持续了十年,1952 年,丈夫因患急性脑膜炎去世,徐朝清变成了寡妇,独自带着 4 个孩子生活。当时,最大的孩子 9 岁,最小的才 1 岁。没有吃的东西,徐朝清只好背着孩子到山上捡野生菌,用白水煮了给孩子吃。3 分钱一斤的盐也买不起,于是就编草鞋卖钱,一双只能卖 5 分钱……

徐朝清的苦日子都被 16 岁的刘国江看在眼里,

他很想帮她,却不知从何帮起。直到有一次,徐朝清不小心掉到河里,被闻讯赶来的刘国江救起并送回家。从此后,刘国江常常主动上门帮徐朝清做些担水劈柴、锄草种地这样的体力活儿。

　　一晃 3 年过去了,就在两人都喜欢上了对方的时候,村子里开始传出了关于他们二人的闲话。有些人劝刘国江,不要因为一个寡妇而耽搁了自己的终身大事,而吴家婆婆则不客气地让刘国江以后不要再上她家来。1956 年 8 月的一天,刘国江在

街上碰到了徐朝清,他上前搭话,可徐朝清对他很冷淡,还让他以后少到自己这里来。刘国江心里知道其实徐朝清是喜欢他的,他思前想后还是决定一定要娶徐朝清为妻。

后来他们为了远离世俗间的闲言碎语,为了他们的爱情,带着4个孩子来到了半坡头两间无人居住的茅草房,开始了自己与蓝天白云为伴、艰苦清贫却幸福的生活。

一家人在一起虽然快乐,但野兽和暴雨总使他们烦恼。山上老虎的叫声令徐朝清非常恐惧,而1957年6月的一场暴雨则冲垮了他们的茅草屋,一家6口人只好躲在崖洞里。徐朝清哭着对丈夫说:"我好想有间瓦房住。"

没有亲朋好友的帮衬,刘国江就自己动手,带着全家到两公里外的山坳里背泥巴烧瓦。两年后,他们终于盖起了大瓦房。由于半坡头在高滩村背后的深山中,原来只有一条荆棘丛生的小路相连,当年他们就是由这条路上山的。因为怕老伴儿出行摔跟头,所以,刘国江自上山那年开始,就在山崖和古藤间一凿一凿地开凿着石梯。他凿了半个世纪,铁钎凿烂20多根,凿出了6000多级……

几十年后的今天,徐朝清摸着刘国江手上的老茧,流着泪水说:"我心疼,可他总是说,路修好了,我出山就方便了。其实,我一辈子也没出山几次。"探险队将这个美丽的爱情故事带下山,并给石梯命名为爱情天梯。他们忠贞不渝的绝世爱情感动了无数人,从此,不断有人上山探望这对隐居深山半个世纪的恩爱夫妻。

出差一千里　好事做了一火车

　　"学习雷锋好榜样,忠于革命忠于党,爱憎分明不忘本,立场坚定斗志强……"这首歌大家一定耳熟能详,"雷锋"这个名字家喻户晓,他所做的好事说也说不完。雷锋曾说过:"我活着,只有一个目的,就是做一个对人民有用的人,我要在一切实际行动中贯彻。"他不仅这样说,而且在他短暂的一生中也实实在在这样做了。

　　有一次,雷锋出差到安东去参加沈阳部队工程兵军事体育训练队。从抚顺站一踏上火车,他就没闲着。看到列车员很忙,就主动帮着擦地板、擦玻璃,收拾桌子上的垃圾;他一会儿给旅客倒水,帮助妇女抱孩子,一会儿给老年人找座位,帮助接送背着大行李包的旅客。等这些事情都做完以后,他又拿出随身带的报纸,给那些不认识字的旅客读报,宣传党的政策。就这样,雷锋一直忙到了沈阳。

　　到沈阳车站换车的时候,他发现检票口那里正围着一群人在七嘴八舌地议论着什么。走近一看,原来是有个中年妇女没有车票,还硬要上车。围上来的人越来越多,路都给堵住了。雷锋上前把那位大嫂拉到一边说:"你没有票,怎么还硬要上车呢?"那大嫂急得满脸是汗,着急地解释着:"同志,我不是没车票,我是从山东老家到吉林看我丈夫的,不知啥时候,车票和钱都丢了。"雷锋听她说的是实话,就安慰她说:"别着急,跟我来吧。"

　　他领着那位大嫂走到售票处,用自己的津贴费给她补了一张车票,然后把车票塞到她手里,说:"你快上车吧,车就要开了。"

那位大嫂感激地问:"同志,你叫什么名字,是哪个单位的?我回家后好把钱给你寄去。"

雷锋笑着说:"我叫解放军,就住在中国。"说完就转身走了。那位大嫂直到走进车厢还在感动地向他招着手。

雷锋从安东返回来时,又在沈阳转车。他背着背包,在过地道时,看见一位白发苍苍的老大娘。这位老大娘拄着拐棍,还背了个大包袱,一步步向前迈着,看起来很吃力。于是,雷锋赶忙走上前去问道:"大娘,你要到哪里去呀?"

老人气喘吁吁地说:"俺从关内来,要到抚顺去看儿子呀!"

雷锋一听,正好和自己同路,于是马上把大娘的大包袱接过来,又用手扶着大娘说:"走,我送你到抚顺。"

老人得到雷锋的帮助,一下子觉得轻松不少,高兴地连连称赞他是"好孩子"。

上了车以后,雷锋帮助大娘找了个座位,自己就站在她旁边。然后拿出刚买来的面包,塞了一个在大娘的手里。

老大娘赶紧往外推着说:"俺不饿。孩子,你吃吧!"

"吃吧!大娘,别客气,先垫垫饥。"

"孩子"这样一个看似普通的称呼,让雷锋心里热乎乎的,他感觉就像母亲在叫着自己小名似的那么亲切。于是他站在老人身边,和老人唠开了家常。老人介绍说,他儿子是工人,出来已经有好几年了。她这是第一次来抚顺,也不知道儿子住在什么地方。说着,就掏出一封信,递给雷锋看。雷锋接过来,看上面写着的地址自己也不知道,但他知道老人的急切心情,于是就镇定地说:"大娘,我一

定帮助你找到他。你放心吧。"

　　雷锋真是说到做到。一到抚顺，他就背起老人的包袱，搀扶着老人，一路打听，找了两个多小时以后，终于找到了老人的儿子。老人的儿子非常感激他，要留他吃饭，但他婉言谢绝了，抓紧时间赶回了部队。

　　战友们后来知道了这些事。大家都说："嘿，雷锋出差一千里，好事做了一火车！"

　　在雷锋的眼里，人民群众的利益远高于自己的利益，他总是竭尽自己所能多去帮助别人。在他看来，"活着，就是为了使别人过得更美好"。物换星移，当历史的车轮驶入 21 世纪的时候，雷锋精神并没有被时代淹没。人们印象中定格的雷锋是一辈子都在做好事，心地善良的解放军战士，但他更是一位把自己生命的每一分热、每一分光都无私奉献给了人民，谱写了壮丽而辉煌的人生乐章的英雄。雷锋的名字家喻户晓，雷锋的精神深入人心，雷锋已成为人们完善人格、净化灵魂的楷模。雷锋精神将激励一代又一代的中华儿女，他的精神，是人类永不褪色的精神财富！

忠于职守治理"三害"

有这样一位县委书记,年仅 42 岁就被肝癌夺去了生命。他临终对组织上唯一的要求,就是"把我运回兰考,埋在沙堆上,活着我没有治好沙丘,死了也要看着你们把沙丘治好"。多么感天动地的遗嘱,活着没治好沙丘,死了也要鼓励后人治理沙丘。他的事迹影响了一个时代,更是多次被拍成了电影、电视剧,影响着不同时代的干部和百姓,他的名字就叫焦裕禄。

位于河南省的兰考县,曾经是一个生态环境恶劣的贫困县,由于历史上黄河多次决口改道,再加上 20 世纪 60 年代我国国民经济处于暂时困难时期,使得这里形成风沙、盐碱、内涝"三害",当地粮食产量也非常低。

1962 年冬,焦裕禄受党的委派来到了兰考。一个风雪交加的夜晚,焦裕禄临时召开县委会。他没有宣布议程,而是把大家带到了火车站。在那里,他们亲眼看到成批成批的灾民要逃荒到外地去。这个场面实在让人痛心,有着同样逃难经历的焦裕禄下定决心——就是拼上身家性命,也要把兰考的"三害"治住。为此,他毅然建立"除三害办公室",先后抽调了 120 多名干部、老农和技术人员,组成一支"三害"调查队,在全县展开了大规模的追洪水、查风口、探流沙的调查工作。

当时,焦裕禄的肝病已经相当严重,许多同志都劝他不要下去,让他在家里听汇报。可是他说:"吃别人嚼过的馍没味道。"于是，他自己背上干粮、拿起雨伞，同大家一起在兰考的原野上日夜奔波。就在风里、雨里、沙窝里、激流里，他坚持度过了120多个日夜，跑了120多个大队，跋涉5000多里地，终于摸清了兰考"三害"的底细，最后把全县的大小风口和沙丘都编了号、绘成图，全县的大小河流，也都绘成了详细的排涝泄洪图。与此同时，也基本掌握了水、沙、碱发生、发展的规律。在此基础上，县委制定出了切实可行的改造兰考大自然的规划。

在除"三害"的斗争中，焦裕禄既是指挥员又是战斗员，他和干部、群众一起出力流汗，正因为如此，无论他走到哪里，干到哪里，群众都和他的心贴得很近，把他看成是"跟咱一样的庄户人"。除"三害"斗争开始以后，焦裕禄发现：在抗灾斗争的问题上，基层干部和群众的认识不是完全一致；而要从根本上治服"三害"，就必须进一步发动群众，采取领导和群众相结合的办法，要抓典型、树样板，打一场除"三害"的人民战争。

为此，焦裕禄亲自到最困难的地方去蹲点儿调查，和城关公社胡集大队、林业技术人员一道，研究泡桐的生长特点，并带头种植泡桐。泡桐生长得很快，不仅可以栽在街道的两旁，起到绿化和美化环境的作用，更重要的，它是防风固沙的最好树种。在焦裕禄的提倡和群众的共同努力下，全县很快就营造出一片片泡桐林。与此同时，焦裕禄深入全县农村调查，发现和培养了五个先进典型——双杨树、赵垛楼、秦寨、韩村和坝子。这五个典型分别在不同的方面表现突出：双杨树的生产道路——"穷，咱穷到一块儿；富，咱富到一块儿"。群众凑钱、凑鸡蛋，买种子，买牛马，巩固集体经济。赵垛

楼的干劲儿——在大雨成灾,一片汪洋的情况下,群众挖河排涝,获得了粮食大丰收。韩村的精神——在严重的自然灾害面前,群众组织起来割了 30 多万斤草,卖掉后得到的钱,除了用来安排好群众的生活,还购买了一些做农活的工具。秦寨的决心——群众用"愚公移山"的精神和"蚕吃桑叶"的方法去一步步地改良土壤。坝子的风格——群众通过抗灾夺得粮食丰收以后,压低口粮标准,卖粮食支援灾区。

通过这五个典型,焦裕禄看到了全县除"三害"斗争的希望。县委召开了四次干部会议,焦裕禄满怀激情地大力宣传这五个先进典型,热情邀请他们的代表走上主席台向大家介绍经验。这一做法,很快就在全县引起了强烈的反响。

在县委的领导下,焦裕禄率领全县的干部和群众向"三害"发起了猛烈的总攻。通过一年的艰苦奋战,兰考的除"三害"工作取得了明显的成效。

焦裕禄——亿万人民心中一座永不磨灭的丰碑!

许身国威壮河山

20世纪50年代的新中国处在一穷二白的阶段，当时的中国在尖端科学技术领域远远落后于世界发达国家，但就是在这样艰难的条件下，仍有一批批爱国的青年科技工作者从海外回到祖国，投身于祖国的科学技术领域。正是他们，改变了祖国的命运，挺直了中国的脊梁。邓稼先，就是其中一位杰出的科学家。

邓稼先从小就树立了科技强国的理想。1947年他通过了赴美研究生考试，在第二年的秋天，来到了美国印第安纳州的普渡大学研究生院学习。因为成绩突出，在不到两年的时间里他就读满了学分，并且顺利通过博士论文答辩，这时他只有26岁，人家都叫他"娃娃博士"。

1950年8月，也就是邓稼先获得博士学位的9天后，他谢绝了恩师和同校好友的挽留，毅然决定回国。同年10月，邓稼先来到中国科学院近代物理研究所做研究员。在北京外事部门的招待会上，有人问他从美国带回点儿什么？他笑笑说："给父亲带了几双眼下中国还不能生产的尼龙袜子，此外，还带了一脑袋关于原子核的知识。"

1958年秋天，钱三强找到邓稼先，对他说"国家要放一个'大炮仗'"，问他愿不愿意参加这项必须严格保密的工作。邓稼先当时就同意了，回家后对妻子说自己"要调动工作"，以后不能再照顾家和孩子了，通信也比较困难。听完这番话，从小就受爱国思想熏陶的妻子心里明白了，丈夫将要从事的工作肯定是对国家有重大意义,于是她对邓稼先表示:自己会坚决支持他的工作。从此,在学术刊物和对外联络的各项事情中,都看不见邓稼先的名字了,他的身影只出现在严格警戒的深院和大漠戈壁。

邓稼先上任以后,首先挑选了一批大学生并准备有关俄文的资料和原子弹模型。但没想到的是,1959 年 6 月,苏联政府终止了原有协议。在这种情况下,中共中央下定决心自己独立搞出原子弹和人造卫星。邓稼先被任命为原子弹的理论设计负责人,依靠外援靠不住,我们只能凭借自己的努力,压在邓稼先肩膀上的担子愈发沉重了。他一面部署同事们分头研究计算,一面自己带头攻关。在周光召的帮助下,他解决了一个关系到中国原子弹试验成败的关键性难题。

中国研制原子弹时,正赶上全国粮食短缺和饥荒。作为尖端领域的科研人员,粮食定量虽然比较高,但因没什么油水,所以也经常觉得很饿。岳父有时会支援点儿粮票给邓稼先,但他都拿来买饼干一类的食品,每当工作紧张时就拿出来和同事们一道吃,然后继续埋头苦干。

邓稼先不仅进行艰苦的理论研究,还经常冒着酷暑严寒去飞沙走石的戈壁试验场。有一次,航投试验时因出现降落伞事故而导致原子弹落地时摔裂。邓稼先尽管知道危险,却还是一个人抢上前去,拿起摔破的原子弹碎片,仔细地检验着。当邓稼先回北京时,妻子知道了这件事情后,就强拉着他到医院去做检查。结果发现,他的小便中带有放射性物质,肝脏受损,骨髓里也侵入了放射物。但邓稼先并没有就此放下工作,他仍坚持返回核试验基地。即使走路

已很困难了,他还坚持着自己去装雷管,并命令周围的人,说:"你们还年轻,你们不能去!"他总是把危险留给自己。

1964 年 10 月,由邓稼先最终签字确定设计方案的中国第一颗原子弹成功爆炸。此外,由他和别人一同制成的氢弹,在原子弹爆炸后的两年零八个月也试验成功了。这同法国、美国、苏联等国家所用的时间相比,创造了世界上最快的速度。

1985 年,由于核辐射带来的伤害使邓稼先的癌扩散已经无法挽救。他不得不离开罗布泊回到北京。但此时他还想参加相关的会议。医生强迫他住院,并告诉他已经病得很严重了。邓稼先无力地倒在病床上,面对妻子许鹿希和国防部长张爱萍的安慰,语气平静地说:"我知道这一天会来的,但没想到它来得这样快。"医院用尽一切力量,却还是没能挽救他的生命。就在邓稼先去世前不久,组织上给他个人配备了一辆小轿车。他在家人的搀扶下,坐到车里在外面转了一小圈,表示自己已经享受了国家所给的待遇。国庆节时,他提出的要求就是去看看天安门。

1986 年 7 月 29 日,邓稼先不幸逝世,终年 62 岁。他临终还在叮嘱着:"不要让人家把我们落得太远……"

人民将永远怀念这位被称作"两弹"元勋的核武器研制的开拓者和奠基者。他在祖国最需要他的时候回来了,带着对祖国的热爱与忠诚,别无所求,将自己的毕生所学奉献给祖国母亲,弥补了中国在这一领域的空白。在邓稼先去世 13 年后,1999 年国庆 50 周年前夕,党中央、国务院和中央军委又向邓稼先追授了金质的"两弹一星功勋奖章"。

誓把才干献祖国

　　1935 年 8 月，钱学森作为一名公费留学生赴美国学习和研究航空工程和空气动力学。经过十多年的努力奋斗，他成了当时世界一流的火箭专家，在美国是屈指可数的杰出人才。

　　1949 年 10 月 1 日，五星红旗在天安门广场上空冉冉升起，新中国成立了。五天后中秋节这一天，钱学森夫妇和十几位中国留学生一起欢度佳节，一边赏月一边说着话，新中国的成立使他们格外激动。同时，他们憧憬着祖国的美好前景。此时，在钱学森的心中，萌发出一个强烈的愿望——放弃一切，早日回到祖国去，为建设新中国贡献自己的全部力量。

　　此时，美国国内出现了一股疯狂反共和迫害进步人士的逆流。钱学森上了美国特务机关的黑名单。1950 年 7 月，美国政府决定取消钱学森参加机密研究的资格，并指控他非法入境。钱学森将无端的指控驳回，并决定以探亲为理由立即返回自己的祖国。他的上司金布尔在听到这个消息后非常震惊，因为钱学森在美国工作的十多年间，为美国航空和火箭技术的发展作出了重要的贡献。美国专栏作家密尔顿·维奥斯特就曾写道："钱学森是帮助美国成为世界第一流军事强国的科学家银河中一颗明亮的星。"金布尔气愤地说："我宁可把他枪毙了，也不让这个家伙离开美国！"随即他将这个消息通知给移民局。但这一切，钱学森都毫不知情。他已经做好了回国的所有准备，就在全家打算离开洛杉矶的前两天，也就是

1950 年 8 月 23 日午夜，他突然收到移民局的通知——不准全家离开美国。与此同时，美国海关扣留了钱学森的全部行李。此后，联邦调查局派人监视他的全家和他的所有行动。

1950 年 9 月 6 日，钱学森突然遭到联邦调查局的非法拘留，并被送到移民局看守所关押起来。在那里，钱学森受到种种折磨。在被拘禁的 15 天内，他的体重减轻了 30 磅。晚上，看守人员每隔 10 分钟进室内开一次电灯使他无法休息，在精神上陷入特别紧张的状态。后来他的遭遇引起加州理工学院中坚持正义的同事和学生的同情，在他们和其他正直人士的强烈抗议下，美国特务机关被迫释放了他。可对钱学森的迫害并没有停止，他们限制他的行动，监视和检查他的信件、电话等。然而即便是在这种情况下，钱学森对祖国的挚爱也丝毫没有削弱，反而更加炽热。他日夜思念着新中国，不断坚持斗争，不断向移民局提出回国的要求。同时为了能够迅速地回国，他租房子只签订短时间的合同。家里准备了 3 只轻便的小箱子，以便能随时搭飞机回中国。

钱学森在美国受迫害的消息很快传到国内，新中国震惊了！钱学森返回祖国的斗争，得到祖国的关怀和支持。国内科学界的人士纷纷通过各种途径声援钱学森，党中央对钱学森在美国的处境极为关心，中国政府公开发表声明，谴责美国政府的行径。

1954年4月，日内瓦国际会议期间，周恩来指示中国代表团发言人黄华发表讲话，要求美国政府归还扣留的中国侨民和留学生。经过反复的外交谈判，美国政府不得不批准钱学森回国的要求。1955年8月4日，钱学森接到了美国移民局允许他回国的通知。1955年9月17日，钱学森偕妻子蒋英和两个年幼的儿女终于登上了"克利夫兰总统号"轮船，踏上了回国的旅途。1955年10月8日从美国回到广州时，钱学森对接待他的中国旅行社同志激动地说："我一直相信：我一定能够回到祖国的，今天，我终于回来了！"在到达北京后的第二天清晨，他就带领全家来到天安门广场。仰望着雄伟的天安门城楼和高高飘扬的五星红旗，他无比激动。从此，他全身心投入中国的国防事业，为祖国人民的和平和科技进步作出了巨大贡献。1960年，在他的领导下，我国研制成功第一枚导弹。1966年又成功发射了我国第一枚导弹核武器。1970年我国第一颗人造地球卫星发射成功，正是他的出现，推动了新中国航天时代黎明的到来。

2009年10月31日，这位科学巨匠在北京逝世，享年98岁。"国为重，家为轻，科学最重，名利最轻。五年归国路，十年两弹成"，钱学森面对重重阻挠依然执著，誓把自己的才干奉献给祖国，这份赤诚的爱国之心深深感染了一代又一代中国人。

115

收养孤儿情满西藏

孔繁森,1944 年出生在山东省聊城的一个贫苦农民家庭。1979 年,他主动报名到西藏工作,与那里的藏族群众结下了深厚的友谊。1988 年,山东省再次选派进藏干部,因为孔繁森在政治上成熟又有在那里工作的经验,于是组织决定让他带队第二次赴藏工作。他深知当时西藏的生活条件很艰苦,又要远离家乡和亲人,但是他更知道当祖国和人民需要他的时候,他就应该站出来,承担起这份重任。

1992 年 6 月,拉萨发生地震,时任拉萨市副市长的孔繁森立即赶到墨竹工卡县羊日岗乡乌如荣村帮助群众救灾。在那里,他发现有五个孤儿。这些孩子都一天多没有吃饭了,看见孔繁森,他们就跑过来抱着他的腿痛哭,一个大点儿的孩子穿着单衣单裤,冷得直发抖。见此情景,孔繁森赶紧把自己身上的毛衣和外套全都脱下来,披在孩子的身上,又拿出自己带的面包,分给孩子们吃。看着几个小孩狼吞虎咽吃面包的样子,他眼眶发红,心里一阵阵发酸,觉得很内疚。他问身旁的村干部怎么不照管这些孩子?村干部无奈地回答说:"由于地震,村子里的房屋都倒塌了,我们连自己都顾不过来,哪还有能力去管这五个孤儿呀。"

在村子里住的这几天,孔繁森对这几个孤儿今后的生活做了安排。他专程把三个大点儿的孩子送到墨竹工卡县里的学校学习,由政府出钱供养;而另外两个小点儿的孩子就由自己带着。这两个

孩子是亲兄妹,叫曲印和贡桑。后来在唐家乡,孔繁森又发现了一个叫曲尼的 11 岁孤儿,他把这个孩子也带回家,给他洗了个热水澡,然后带他到医院去检查身体,给他治病。

孔繁森在各个方面无微不至地关怀和照顾着这三个孤儿。他先是给孩子们都换上了新衣服、新鞋袜。然后,又给孩子们买了课本、钢笔、文具盒,还有玩具。每天晚上,他还要给孩子们洗脸洗脚;并且在繁忙的工作中抽出时间来教孩子们认字,告诉他们要懂礼貌,讲卫生。每逢节假日,只要有空,孔繁森还会带着孩子们去逛公园,逛商店,给他们买衣物。可以说,他为这三个素不相识的孩子操碎了心。在一起生活的过程中,孔繁森和孩子们之间也建立起非常深厚的感情,孩子们都亲切地叫他"波啦"(爷爷)。

他把收养小孩的事写信告诉了远在山东的爱人和已经九十高龄的母亲。没想到这件事并没有被家里人埋怨,而是得到全家人的理解和支持。爱人把钱省下来给他寄过去,弟弟也把卖棉花得的 300 多元钱寄给他,给孩子们添置些冬天穿的衣服。

而孔繁森自己的生活却极其简朴,他两次援藏连一床毛毯都没有。平时针线包就放在枕头旁边,衣服破了就自己补补。每次下乡,他都是拿自己个人的钱补贴给那些生活困难的乡亲,所以他每月的工资常常不到月底就早早地花光了,有时甚至连伙食费也不够交,为此他不得不经常吃榨菜拌饭。但是对藏族孤儿和残疾人等,他却付出了无私的真挚的爱。他不愿意孩子们和他一样受罪,可是又没有钱,只好通过献血来换钱去给孩子们增加营养。有一次,他去献血,医生看见他年纪比较大了,就劝他不要献血了。但最后他还是说服医生，献了血。至今，在解放军西藏军区总医院血库里有一张献血证明，上面写着："兹有孔繁森同志于 1993 年曾先后三次来我库自愿献血 900 毫升，已按医院规定付给献血营养费 900 元整。"

1992 年底，孔繁森要到阿里工作了。临走前，当时的拉萨市市长洛桑顿珠觉得孔繁森收养这么多孤儿，负担实在太重了。于是主动要求把曲尼留在自己身边。曲印和贡桑仍然由孔繁森抚养。

1994 年 11 月 29 日，孔繁森在去新疆塔城考察边贸的途中，在一场车祸中不幸殉职，时年 50 岁。噩耗传到阿里，传到拉萨，传到山东孔繁森的老家，人们简直不敢相信，一位人民的好公仆就这样离开了我们。西藏的雪山高原会记着他，藏族同胞们会记着他，那些他收养的孩子们也会记着他。他高大的身躯将永远融入这片雪域高原，化作一座不朽的丰碑。

在孔繁森不幸殉职后不久，西藏中和国际有限公司承担了曲印和贡桑兄妹俩的抚养费，拉萨市妇联主席康英同志成为这两个孤儿的监护人。1997 年 12 月 9 日，孔繁森生前收养的两个藏族孤儿曲尼和曲印都兴奋地领到了"入伍通知书"，圆了他们的当兵梦。曲尼、曲印下决心要像孔繁森学习，成为一名合格的军人，将来报效祖国。

我的事业在中国

谭铁牛,现任中国科学院自动化研究所所长、所党委委员、模式识别国家重点实验室主任、兼任中科院研究生院信息科学与技术学院院长。他曾获得国家杰出青年科学基金和人事部"优秀留学回国人员"科研基金;入选国家 863 计划智能计算机专家组成员;被评选为中科院十大杰出青年;获全国五四青年奖章;入选国家"十五"863 计划信息技术专家委员会成员。1998 年,踌躇满志的他放弃了在国外优厚的待遇和科研条件,离开了英国雷丁大学,回到祖国,投身祖国的科学研究事业。

谭铁牛的名字中有"铁牛"两个字,充满乡土气息。他说这个名字是他父亲取的, 父亲希望他能如牛负重, 耕耘出丰衣足食的日子。谭铁牛从小家境并不富裕,但他的学习成绩一直名列前茅,因为他心中牢记着父亲的期望。后来县政府为他减免了学杂费,使他的人生发生了重要转折。1980 年他考入西安交通大学,1983 年加入了中国共产党。1989 年他顺利地获得了英国伦敦帝国理工学院的博士学位,1994 年应聘成为英国雷丁大学的终身教职。可以说,当时他在英国的一切生活、工作条件要比在中国优越好几倍,但是远离故土的谭铁牛心中难以放下祖国, 特别是看到彼此之间存在的差距时,这种感觉愈加强烈。作为一个中国人,作为一个共产党员,他有责任为祖国的崛起贡献自己的力量!

于是他最终选择回国。随后,他被任命为中国科学院模式识别

国家重点实验室主任和自动化研究所所长助理，主要负责诸如计算机视觉监控等一些科技前沿领域的技术突破。他和他的科研同事们一道，为"中国能够在国际学术界占有一席之地"这样的理想而不懈奋斗。然而要想取得科研上的突破是一件很不容易的事情，为了全身心投入科研工作，谭铁牛与妻子商量，决定暂不在北京安家，将妻儿送往远在西安的岳父母那里。从此，在静悄悄的深夜里，在自动化研究所通往中关村客座公寓的小路上，多了个疾步独行的人，他就是只会开汽车却不会骑自行车的谭铁牛。

一直以来，谭铁牛都活跃在国际科学舞台上，已在国际重要的学术期刊和国际学术会议上发表论文 120 多篇，获准和申请了多项专利。他主持研制的智能轮椅作为优秀成果参加国家 863 计划十五周年成果展，具有自主知识产权的虹膜识别技术突破了国外的技术垄断。利用这种虹膜识别技术，人们回家时既不用带钥匙，也无须动口和动手，瞅一眼，家门即可打开。他所在的实验室，经过优秀的青年科技工作者几年来的辛勤耕耘，也在国际最权威的刊物和会议上发表了一系列论文。实验室已吸引了国际上一些著名的科研机构与其开展合作。

2000 年 6 月，出乎他意料的是，中科院要他出任自化所所长一职。作为中科院所属的大所，自动化所所长从来没有像他这样年轻的科学家担任过，摆在他面前的无疑是一副重担。对此，谭铁牛犹豫过，那毕竟会影响到自己搞科研的时间，但最终他还是勇敢地挑起了这副重担。当今天问起他当初的选择时，他已经能够平静地回答了："如果研究所的工作做好了，让所里涌现出更多一流科学家,我会感到更欣慰。"实际上,谭铁牛除了做好所长外,仍争分夺秒坚持在一线做科研工作。因为作为所长,更应该在科研方面有所建树,不然就不可能很好地把握学科发展方向。而在管理方面,他与其他年轻领导班子成员一起,推进制度改革创新,努力营造一个更好的科研环境,使广大科技人员感到心情舒畅。他总说,步入知识经济时代,智力发挥着重要的作用。而智力充分发挥的"开关"是人的心情,心情好了自然会有好的工作。所以研究所要为大家努力创造一个顺心的人际关系,舒心的工作环境,称心的生活待遇,这样不愁不出一流的科研成果,不愁自动化所不成为国际知名的国家一流研究所。的确,在他和领导班子的共同努力下,大家都认为研究所"环境更好了,人心更齐了,目标更明了,干劲更足了"。

谭铁牛说,回国后自己有一种前所未有的归属感和责任感。尽管路比在国外走得多了,觉睡得少了,但生活更充实了,心里也更踏实了。因为毕竟是在为自己的国家努力,毕竟是以主人翁的身份干事。一个青年科技工作者能在养育自己的故土上做自己想做的事情,最大限度地施展自己的聪明才智,将自己的人生价值和追求融入到祖国的大发展中去,是最大的幸福。在祖国最需要他的时候,他回来了,凭的是一种责任和眷恋。我的事业在中国,因为我是中国人!

马军武是新疆生产建设兵团农十师 185 团桑德克哨所的一名普通民兵护边员。23 年来,他与妻子张正美风雨无阻地巡视在 20 多公里长的边境线上,担任巡边、守水、护林的神圣使命,用理想和信念铸就着兵团人的敬业、奉献精神。

新疆生产建设兵团农十师 185 团在祖国雄鸡版图的尾巴尖上,被称作我国"西北边境第一团"。当初马军武在这里当巡边员,现实的困难曾经让他倒吸了一口凉气。这里距离团部有 20 公里,周围除了沙山就是树林。作为世界四大蚊区之一,夏天这里有一种学名叫蠓的飞虫 (当地人叫小咬),最多时每立方米达到 1700 多只,可咬死家禽。每年进入夏季,蚊虫便铺天盖地,成群地咬扑过来,把人折磨得简直痛不欲生;就连他从家里带来做伴的两条狗也被叮咬而死。为了防止叮咬,马军武巡边时,只好用一块浸过柴油的纱布顶在头上,他的脸时常被柴油"烧"得又红又肿,原本挺大的眼睛也只剩下一条缝。不仅如此, 夜晚的冷清孤寂更让人心里难受。夫妻俩就这样度过了 7000 多个日日夜夜。

在桑德克的日子,每天都是相似的。23 年来,马军武每天起床的第一件事就是升国旗。每当五星红旗升起,他的心中就充满着信心和力量。当妻子回家做饭时,他就沿着河沿儿仔细地巡视一遍。早饭以后,妻子出去放羊,他继续做好巡边守水的工作。就这样日复一日、年复一年,升国旗,登瞭望塔,观察分水闸,巡视河堤,检查

植被,加固铁丝网……他坚守了 23 年,且风雨无阻。

　　每年春季,天气渐渐变暖和,冰雪也开始消融,界河水很容易泛滥。所以这是马军武和张正美最紧张、最忙碌的时期。两人排好值班表,轮流巡视界河的汛情。不管白天黑夜,每隔半个小时就要去查看一次界河水位。由于每天都把弦绷得紧紧的,马军武的眼睛熬得通红,脸颊也深深地陷下去了。就是在这样的勤奋工作之下,他们观察和排除了多起洪水和火灾等隐患。

　　1999 年 4 月,由于冬季降雪比较多,不断融化的冰雪使河水水位不断上涨,快要接近警戒水位了。当时,没有任何通讯工具能与外界联系,就在这紧急关头,马军武镇定自若,他让妻子继续观察,自己骑上摩托车,赶到最近的连队,向团部报告。因为报告及时,最终控制了险情。

　　2002 年 9 月 20 日下午,马军武突然发现界河对岸的哈萨克斯坦境内不时飘过来一阵阵浓烟,他判断对岸着火了。火势如果蔓延,很可能会给我国带来危险,于是他赶紧跑到附近的连队报告。快到傍晚时,火势果然已蔓延到界河边上,经过民兵应急扑火分队一个多小时的奋力扑救,大火被扑灭了。

　　妻子张正美曾这样说起丈夫:"马军武的耐力一般人比不上,每天来回巡逻 50 公里,平时可以骑摩托车,但冬天下大雪骑不了车,他就用脚量,一个月穿坏三四双鞋。这些年若不是他的坚持,我也不可能坚持下来。"就是在这样艰苦的条件下,马军武始终没有后悔,更没有退却。在一年四季的轮回中,他走过了 23 年的坚守。

　　近几年来，国家下拨资金对界河实施了防洪工程，防洪、抗洪的担子轻了，但马军武仍然觉得责任重大。他还是一如既往地每天认真做着巡防，写着值班日记。每时每刻，马军武夫妻仍在忠实地守护着祖国边境线上的一草一木，忠诚地捍卫着祖国的每一寸土地。对于这位忠诚的边境守护人，党和政府给予了他极大的荣誉。自2006年起，马军武先后被评选为农十师"优秀民兵"、"十师骄傲"年度人物；2008年获兵团"道德模范"称号；2010年被评为"全国劳动模范"，2011年被评选为"第三届全国道德模范"。正是因为有这样几十年如一日忠于职守的好同志，祖国才会更加安定团结，人民的生活才能更加和谐、幸福。

草原上的丰碑

2004 年 8 月 20 日，呼和浩特这座城市下着蒙蒙细雨，仿佛也同伫立在路边的民众一起，悼念着那位人民的好公仆，党的好干部——牛玉儒。他走了，带着对未竟事业的遗憾；他走了，带着百万市民的殷切重托和深深牵挂；他走了，却用他短暂的一生诠释了什么是全心全意为人民服务。

牛玉儒出生于内蒙古自治区通辽市一个革命干部家庭。他从小刻苦勤奋，是班里学习最刻苦的一个。正因为他勤奋学习，肯劳动，爱动脑，1971 年盟委选中他当了一名通讯员。从那以后，他更是抓紧一切机会到图书馆借阅各种书籍学习。他眼里有活儿，总闲不住，"脑快、手快、脚快"的他很快就赢得了领导和同事们的赞赏。

在任呼和浩特市市委书记期间，他严格要求自己清正廉洁，同时也要求家人凡是同事或政府的人来家里敲门一律不开，有事到办公室谈。他的亲戚曾找过他，希望能帮忙解决自己孩子的工作，都被他一口拒绝了。他曾经说过："我手中的权力是人民给的，不属于我自己，我不能随便支配。"多少年来，牛玉儒一直恪尽职守，事事以人民为重，坚持为群众办实事，老百姓都亲切地称他为"平民书记"。在他就任期间，呼和浩特的城市面貌发生了巨大变化，从嘎查(蒙语,农村)变成了现代化城市。

然而就是这样一位好领导，在 2004 年 4 月被确诊为直肠癌肝转移，不久之后永远地离开了我们。在住院期间，虽然没有人告诉

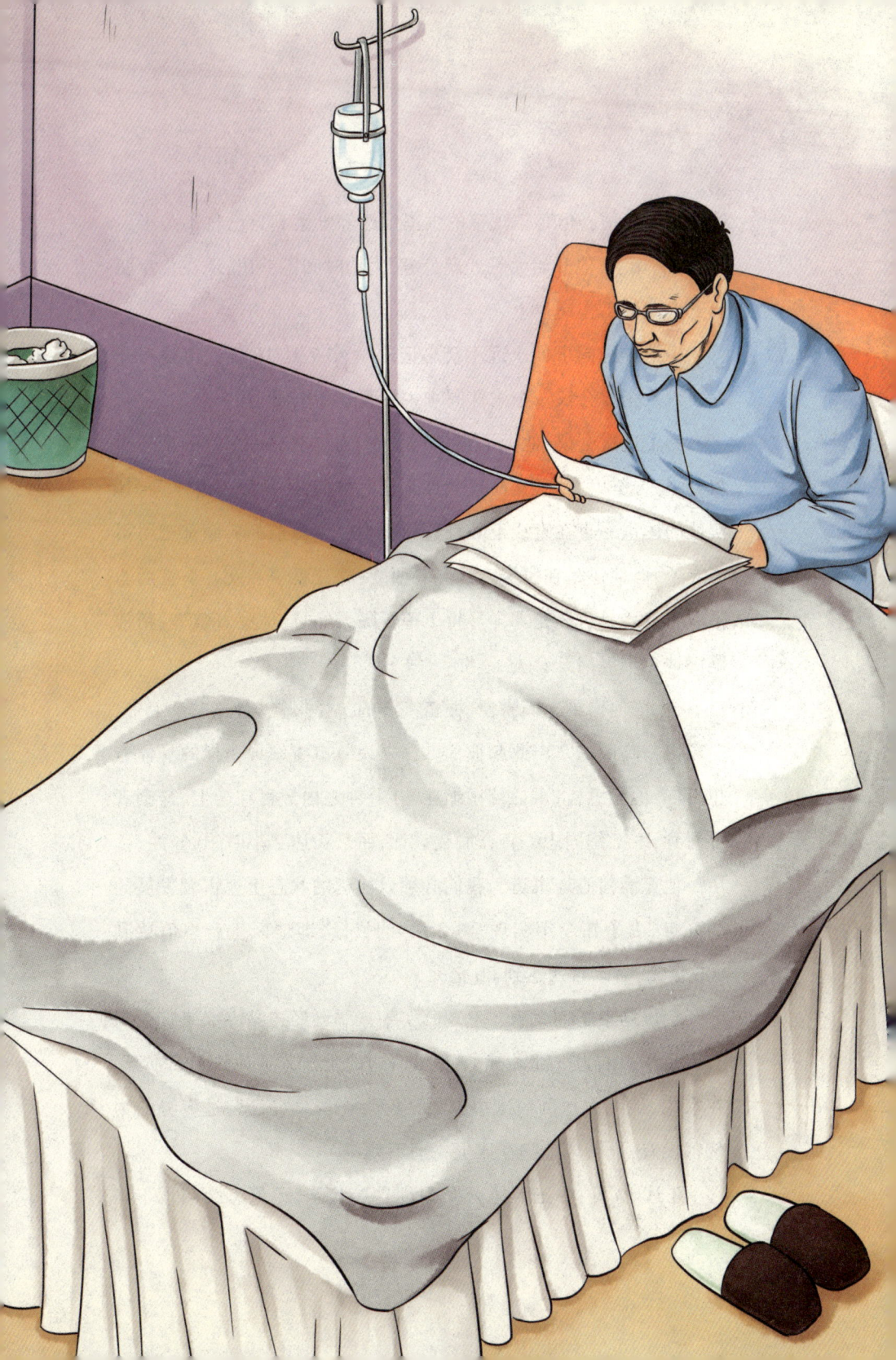

他真实的病情，但善于观察的牛玉儒已经觉察到自己将不久于人世。在病榻上，他开始大量处理公务，生怕时间不够用，还在化疗期间三次回到工作岗位上。

牛玉儒的同事们永远不会忘记这一天，7月16日，市委召开九届六次全委会议。牛玉儒同志主持召开了全委会。

为了这次会议，他做了充分的准备。为了能有一个好的精神面貌，他每天努力多吃饭，而且一点儿也不挑食，还积极去量体重。其实他的体重一直在直线下降，已不到110斤。以前的衣服都肥得不能穿了，但他还是在家努力试穿着西装，并让妻子和女儿从背后给他看看肩膀是否还是那样显得干瘪。隔天一早，他穿着整齐、精神饱满地走出家门开会去了。

会上，他作了充满激情、振奋人心的工作报告。整整一个上午，会场内雷鸣般的掌声此起彼伏。秘书说，市委领导为他的身体着想，也经他同意，将讲话稿压缩在40分钟之内。可在会上，与会者都看到，牛玉儒同志一直在脱稿讲话，而且长达2小时10分钟。

他充满信心地讲道，我们必须以冲刺的状态迅速占领发展的制高点，力争在今年实现"两个六"的目标，即地区生产总值达到600亿元，财政收入达到60亿元……

会议结束了，大家才发现其实牛玉儒已经连站立起来接受与会人员掌声的力气都没有了，他被身边的工作人员搀扶着回了家。在家中，他无力地倒在床边，双目紧闭，连调整自己合适姿势的力气都没有，他久久地躺在床上一动不动……

8月10日，牛玉儒陷入了深度昏迷状态，无论怎么叫也不睁眼,直到他的妻子俯在他耳边轻轻地呼唤:"玉儒,8点半了,要开会了……"他猛地动了动,忽然睁开了双眼,眼眶中燃烧着最后的激情……然后缓缓地又闭上了眼。从此,就再也没有睁开过……

牛玉儒被评为2004年度感动中国十大人物,推选委员会是这样评价他的:名叫牛玉儒,人像孺子牛。背负着草原人的幸福之路,这幸福是他的给养,也是他的方向。牛玉儒无法拓展自己生命的长度,但却拓宽了人生的宽度。金杯银杯不如百姓的口碑,金奖银奖不如群众的夸奖,这样的好干部,人民会记住他!祖国,会记住他!

请允许我用左手敬军礼

2005年6月22日，时任中共中央总书记、国家主席、中央军委主席胡锦涛，在人民大会堂会见武警部队第一次党代会代表和第八届"中国武警十大忠诚卫士"时，双手紧紧握住独臂英雄丁晓兵的左手，亲切地勉励他说："你是党和人民的功臣，希望你保持荣誉，为党和人民再立新功！"

这是一份关切的问候，更是一段绵延20年之久的深厚关爱。

20年前的1985年，也是炎热的6月，在"祖国为边陲优秀儿女挂奖章"大会上，时任共青团中央第一书记的胡锦涛同志主持了这次大会。正是在这次大会上，丁晓兵同志荣获了共青团中央为他特设的第101枚"全国边陲优秀儿女"金质奖章。

丁晓兵，1983年10月入伍，在一次重大军事行动中，身为侦察大队"第一捕俘手"的他，在敌人阵地生擒一俘虏回撤途中身负重伤，导致他永远地失去了右臂。

后来他的事迹在家乡安徽省广为流传，鲜花、掌声、各种溢美之词包围着这位年轻的战士。当时安徽省正在筹备省残疾人福利基金会，省政府已决定让他担任基金会常务副理事长，还有很多公司、单位和个体老板找上门来，请他去担任要职，并许诺给他房子、车子和优厚的薪金。不少人对他说："你现在只有一只左臂，留在部队很难有更好的发展，还是趁着现在名气大、影响大，赶紧给自己找条好的后路吧。"但是丁晓兵经过冷静思考，郑重地表示："一要学习,二要工作,不离开部队。"待遇诚可贵,奉献价更高,只有把自己的人生追求融入党的事业和部队建设,才能在追求中升华自己的人生理想,在奉献中实现最大的人生价值。

于是,他放弃了留校或进机关工作的机会,毅然选择来到基层部队,成为一名指导员。在部队紧急集合训练中,由于他只有左臂,打背包速度不及正常人,使得他总是落后。"连背包都打不好,怎么带兵!"因此丁晓兵把自己关在屋子里整整练了一个星期,嘴唇和牙齿都被背包带磨出了血,就是这样经过自己不懈的努力,他单手打背包的速度在全连里都数得着。

系鞋带、越障碍、整内务、洗衣服,切菜、做饭、包饺子、蒸包子,一切都是单手操练;射击,不同的姿势,不同的武器,他样样都是优秀,甚至,极高难度的单杠单臂引体向上、单臂大回环,丁晓兵都能高质量完成,最终考核8门军事训练课目,7门优秀,1门良好。无法计量他到底吃过多少苦,这是一个把所有困难嚼碎了统统吞到肚子里、消化成为动力的人,是一个扔在地上叮当作响,站起来虎虎生风的男人。所有的高标准严要求,都是英雄给自己下达的死命令。丁晓兵说:"一个军人,战时要忘死,平时要忘我!唯有这样,才能在祖国最需要的时候,贡献出自己的一分力量。"

2003年7月,淮河流域发生百年不遇的洪水,一段大堤出现了管涌,决堤的危险随时都有可能发生。在抢险救灾的武警官兵中,人们看到了用左手扛沙袋的丁晓兵。作为团政治委员的他,洪峰在哪里,他就冲在哪里;哪里最危险,他就战斗在哪里。别人背两锹土,他背四锹,一背就是4个小时。然而激战之后,丁晓兵的断臂

忠

疼痛难忍,原来是污水浸泡时间长了,伤口缝合处严重溃烂,一小块乌黑的弹片露了出来。但在危难面前,他不顾个人安危,全力抢险救灾,最终经过连续 5 个多小时的艰苦奋战,终于堵住了管涌,保住了县城。

我们常常会问,在和平年代,英雄是什么?如果说,20 多年前的丁晓兵成为英雄还有偶然因素,那么,今天的丁晓兵,是把自己的英雄业绩归零后,再一步步地在和平环境中,把自己又一次塑造成为英雄!

丁晓兵,这个用左手敬军礼的人,我们以他为骄傲,他是"中国的保尔·柯察金",是"当之无愧的时代英雄"。难怪 2007 年感动中国人物评选组委会送给了他这样的颁奖词:"这个用左手敬军礼的人,我们以他为骄傲。战时敢舍身,平时能忘我,从逆境中挣扎启程,在顺境中保持清醒。沙场带兵敢称无愧无悔,把守国门能说有骨有节。他像一把号角,让理想与激动,在士兵心中蔓延。获奖者丁晓兵一只臂膀,也能撑起血染的军旗,他是真的勇士。"

辛苦我一人　方便千万家

1975 年，徐虎从郊区农村来到了上海市区，当上了普陀区中山北路房管所的一名水电修理工，从此担负起管区内 6000 多户居民的水电维修、房屋养护工作，并且一干就是一辈子。

1985 年 6 月 23 日，徐虎在自己所负责的城区居委会、电话间、弄堂口建立了"水电急修特约报修箱"，许下了"凡附近公房居民遇到夜间水电急修，请写清地址，将纸条投入箱内，本人将热忱为您义务服务，开箱时间 19 点"的承诺。在之后长达十几年的时间里，每天的 19 点，当大家围坐在电视机前共享晚餐的时候，总能看到一个背着工具包、骑着自行车的身影，穿梭在街巷深处，为大家解决水电故障，也给周围百姓带来了便利和温暖，因此，大家都亲切地称徐虎为"19 点钟的太阳"。

他的工作用他自己的话来说："就是通马桶、修电灯、换电线，每天重复。"听起来也许很简单，但是当徐虎第一次去居民家修堵塞的抽水马桶时，还是傻了眼：粪便、草纸、污水淌了一地。别说干活，连立足的地方都没有。然而看着居民焦急的样子，想起父亲曾经说的"干一行就要干好一行"，徐虎也只好硬着头皮上。马桶修好了，居民连声道谢，事后还特地给房管所写了感谢信。这件事，给徐虎留下了深刻的印象。

从此，只要一有空，徐虎就认真学习房修水电技术，对于自己的工作，从来不敢马虎。面对居民的诉求，他总是尽最大可能做到随叫随到,从 1985 年到 1996 年的 11 年间,他除了外出开会、住院开刀,从没有失信过。他总说:"如果我不去准点开箱,就意味着会有家庭在断水、断电中度过,我自己订的规矩得自己遵守啊。"每次修理完毕,他都主动做好清洁工作。"辛苦我一人,方便千万家"不仅是他的人生信条,更是他工作的真实写照。

后来,随着徐虎的事迹被广为流传,他被誉为新时代的活雷锋,面对铺天盖地的赞扬,他永远保持着谦逊。"我是平凡人,只不过努力做好平凡事。"可是,在百姓们心中,他却是一心一意为百姓服务的好人,华池路 35 号居民陈敬泉说:"徐虎在平凡的工作中做出不平凡的成绩,并能不断感染周围的人,这平凡就是伟大,这平凡就是徐虎精神的本色。"

1998 年,48 岁的徐虎从一线修理工走上了管理岗位,历任徐虎物业经营有限公司副董事长、党支部书记等职,2002 年 5 月,他又调任上海西部企业集团任物业总监。徐虎的角色变了,但"徐虎精神"却传承了下来。越来越多的水电工开始挂出了夜间特约小木箱;上海普陀区房管系统的便民夜间报修箱一度从当初的 3 只增至 116 只;徐虎又开设了徐虎热线,深入社区听取意见,及时处理群众来信,解决了多起物业维修方面的疑难杂症……

徐虎还非常关心青少年的身心健康,总是找机会与他们沟通交流。在中国福利院的一次讲座经历给了徐虎很大的启发。当时有个小朋友跟他说,现在父母都舍不得让他们干家务活,更别说出去义务劳动了。徐虎告诉他:"父母创造一切条件让孩子专心读书,做有用之才,这不为过。但是小朋友也要学会自己思考,如果发现自己在社会公益事业和志愿者服务中有所缺失，有机会就应该尝试一下，再把收获与父母分享，我相信肯定能够得到支持。"

所以，现在每逢节假日或重大活动，徐虎都会带着徒弟和广大青少年志愿者们一起，到社区、街道为老百姓排解生活难题。捡垃圾、修管道、清理卫生死角、搬运施工废材……在一次次的社会实践中，徐虎这个劳动模范，也成了孩子们心中的"偶

像"。虽然徐虎已经退休了,但"辛苦我一人,方便千万家"的优秀工作作风就这样一代代地传承下去。

2009 年 9 月 10 日,在中央宣传部、中央组织部、中央统战部、中央文献研究室、中央党史研究室、民政部、人力资源社会保障部、全国总工会、共青团中央、全国妇联、解放军总政治部 11 个部门联合组织的 "100 位为新中国成立作出突出贡献的英雄模范人物和100 位新中国成立以来感动中国人物" 评选活动中,徐虎被评为"100 位新中国成立以来感动中国人物"。他还被评为"时代领跑者——新中国成立以来最具有影响的劳动模范",并赴京出席了"双百"人物座谈会、颁奖典礼和国庆阅兵,受到了胡锦涛总书记等党和国家领导人的亲切接见。

徐虎,一名平凡的修理工,却在他平凡的岗位上,用他对工作一丝不苟的态度和实际行动,践行着对百姓的承诺。

公而忘私　　绿化荒山

　　杨善洲，一个感动无数老百姓的名字。他不仅是中国共产党党员的典范，也是我们每个人做人、做事的楷模。他担任干部的22年中，始终都把自己当成一名普通劳动者，顶个草帽，穿双草鞋，随身带着锄头、镰刀、嫁接刀等各种农具，和群众一起劳动，很少有官员能够像他那样深入到群众中间去，因此他也被群众亲切地称为"草帽书记"。

　　杨善洲的老家，在施甸县大柳水自然村。在他担任县委书记、保山地委书记期间，由于工作的原因，常年不在家，他的老伴儿张玉珍默默地担起了家庭的全部责任，经历了难以想象的艰辛。1975年的夏天，家里的屋顶破了，每逢下雨时就会四处漏雨，实在是无法住人了。张玉珍只好到城里找杨善洲，叫他想办法给家里修修房子。当时，杨善洲的身上只有30元钱，他全部掏出来交给了妻子，说："你先拿这30元钱买几个瓦盆，放到屋子里接一下雨，暂时艰苦一下。"张玉珍接过30元钱，眼含泪水回到了村里。

　　杨善洲一心为公，从来没有想过为自己和家人谋取利益。他总说："我是共产党员，哪能光想着自己？把自己的家庭搞得富丽堂皇，别人却还过着艰难的日子，那么，我们常说的完全、彻底地为人民服务，不是成了骗人的假话吗？"在他担任干部的这些年里，父母、妻子和儿女一直都生活在农村老家。1964年，在杨善洲担任施甸县委书记时，为照顾他的生活，组织上曾想把他爱人调到城里，

139

但他婉言谢绝了；1978 年，按照上级组织部门的政策，杨善洲一家人除大女儿外，都符合进城的条件，但杨善洲也推辞了。他诚恳地说："身为领导干部，我应该带个好头。我相信我们的农村能建设好，我们全家都乐意和 8 亿农民同甘共苦建设家乡。"

1988 年 3 月，61 岁的杨善洲从保山地委书记的岗位上退休了。本来组织上要安排他到昆明去安度晚年。得知消息后，一家人都非常高兴，觉得终于可以一家人在一起共享天伦之乐了。可是没想到，杨善洲却婉拒了，他坚持要回到家乡施甸县去种树。

杨善洲为什么会有这样的选择呢？原来，在他担任地委领导期间，乡亲们曾经不止一次地找上门，求他为家乡办点事。但杨善洲考虑到自己是保山地区的书记，不能只想着自己的家乡。可是毕竟家乡养育了自己呀，于是他就向乡亲们郑重承诺，等自己退休时，一定帮家乡办点实事。

为了实现这个承诺，杨善洲在退休前，就开始去大亮山考察。大亮山在施甸县城东南 44 公里的地方，原来这里林木参天。小时候，他还常常和母亲一道去那里挖野菜和草药。可后来大炼钢铁砍伐掉大量的树木，接着，当地贫困农民又大规模毁林开荒。本来一片翠绿的大亮山现在已经变得光秃秃了。

当乡亲们听说杨善洲要回来种树时，觉得这个地方连好活的野樱桃树和杞木树都不长，于是就纷纷劝他还是到别处去种吧。

但是，杨善洲还是来了。就在退休的当天，他背起铺盖，穿着草鞋，好像一个放牧的老人一样，赶到了离大亮山最近的黄泥沟。第二天，大亮山国社联营林场正式挂牌成立。他们用人挑，用马驮，把粮食和行李运到了距离公路 14 公里远的打水杆坪子。在那里，他们用树杈临时搭建了一个简易棚子住了下来。可没想到，当天夜里，刮起了大风，下起大雨，棚子都被掀翻了，几个人只好钻到马鞍下面躲着。直到后来，有了省里的资金支持，林场盖起了一排简易的油毛毡房。10 年之后，当他们用砖瓦平房取代油毛毡房时，破败不堪的油毛毡房已经被四周的绿荫所掩盖。

1999 年 11 月，杨善洲在用砍刀给树修枝时，不幸踩着青苔滑倒，经诊断，左腿粉碎性骨折。但半年后他又执意爬上了大亮山。只是从此，他再也离不开拐杖了。

2009 年 4 月，杨善洲把自己用 20 年时间辛苦创办的大亮山林场的经营管理权正式无偿移交给施甸县林业局。经人粗略估计，此时大亮山林场的活立木蓄积量价值已经超过 3 亿元。这就是一位老地委书记的承诺，这就是他帮家乡办的实事。

2010 年，云南遭遇百年大旱，青翠的大亮山护佑下的保山人没有受到大旱的影响。青山是杨善洲生命的真实写照，流水则讲述着一个共产党人心系人民的赤诚。"杨善洲，杨善洲，老牛拉车不回头，当官一场手空空，退休又钻山沟沟；二十多年绿荒山，拼了老命建林场，创造资产几个亿，分文不取乐悠悠……"这首流传于滇西保山市施甸县的民谣，不仅唱出了当地群众对云南省原保山地委书记杨善洲的敬重，还生动地向世人诠释了一名共产党人 60 年如一日对理想信念的坚守。

大爱无疆　上善若水

　　户籍民警，一个身着警服、头戴警徽、听起来让人羡慕的称谓，但其实他所负责的工作是很琐碎繁杂的。他涉及老百姓生活的方方面面，从婚姻、升学到拆迁、就业；接触的群众也来自社会的各个层面，从领导干部、老板到务工人员、农民。邱娥国，就是这样一名普通的户籍民警，几十年来，他一直努力工作，默默地为社区稳定、百姓幸福、社会和谐奉献自己的力量。

　　少年时代的邱娥国，家境贫寒，是当地党组织、政府和热情的乡邻帮助他们家渡过一道道难关，帮助他读完小学，送他参了军，入了党。1979年底，33岁的邱娥国从部队转业，被分配到派出所担任户籍民警，1990年又被调往筷子巷派出所继续干户籍民警。从人民子弟兵到人民警察，也正是小时候的那份苦难经历，使他更加把人民的诉求放在心上，为需要帮助的人给予及时的帮助。

　　邱娥国所负责的辖区面积大、人口稠密、小街小巷纵横交错，是南昌市最古老、最拥挤的旧城区。来到派出所后，邱娥国每天都骑着他那辆旧自行车走街串巷，向大家问问这个、问问那个，随时记录下了解到的情况。居民们发现这个新来的身高一米八三的民警，脸上总是带着和善的微笑，听老人说话时他总是俯下身子，与他交谈就像与家人聊天一样随意、亲切。渐渐地，大家记住了邱娥国这个名字，还把他当成无话不谈的老朋友。没过多久，邱娥国就对自己辖区的情况了如指掌，小巷里的人和事都清晰地印在他的脑子里。

　　一次,一位居民在路上发现一个迷路的 4 岁男孩,于是打电话给邱娥国。他立即赶到那里。小男孩还太小,什么也说不清,只会哇哇大哭。邱娥国就抱着孩子在原地等了几个小时,但未能等到孩子的父母。下班后,他就把孩子带回自己家里,一家人顾不上自己吃饭,都先忙着为孩子喂饭、洗澡。终于,孩子在他们夫妇的被窝里睡着了,他们一家人才把放凉的饭菜热了吃。第二天,邱娥国又四处联系,找寻孩子的亲人,并花了 300 元钱在电视台连登三天寻人启事。孩子在邱娥国家快乐地生活了一个星期,邱娥国却焦急地奔波了 7 天。功夫不负有心人,终于找到孩子的亲人了,孩子却难舍这一家好人。当小男孩的父母抱着失而复得的孩子哭的时候,孩子却紧紧揪着邱娥国的衣襟哭,小手怎么掰也掰不开。

　　另外,邱娥国还有一本孤寡老人帮扶记录簿,上面详细记录着辖区每位老人的基本情况。他们爱吃什么、爱做什么、需要什么帮助,应有尽有。他先后奉养过 13 个不沾亲不带故的孤寡老人,为 9 位老人送终。

　　其中何俊杰、黄糯女就是邱娥国奉养过的两位老人。由于他们老两口的子女都在外地,邱娥国一家作为他们的邻居,他们家的买米、买菜、倒垃圾、劈柴等重体力活儿都由邱娥国一家"承包"了。冬天天气冷了,两位老人筋骨痛,手不能沾凉水做饭,邱娥国就把做好的热腾腾的饭菜端给他们吃。老两口家的儿孙们回家过年,家里住不开,邱娥国就腾出自己家的干净房间,铺好整洁的床铺迎接他们。1996 年 12 月 10 日,79 岁的黄糯女老人的生命即将走到尽头,躺在病床上的她,常念叨的正是她的这位虽不是亲生儿子却胜似儿子的好人——邱娥国。

2007年,邱娥国从工作岗位上退休,却依旧忘不了那一方百姓。他深情地说:"虽然不再上班了,但我一颗服务人民群众的心永不退休。我的心永远牵挂着辖区,牵挂着那一条条小街小巷。"现在,67岁的邱娥国已经退休7年了,他依然热心公益事业。2012年8月,"邱娥国志愿服务团"暨学雷锋志愿服务支队成立,为痴呆患者找家、为孤寡老人和留守儿童服务,继续成为他退休后的主要生活内

容。在南昌火车站，人们经常见到这位好人，现在他的身份是春运铁路志愿者。只见他一会儿告诉旅客进几号候车室，一会儿告诉旅客到哪儿补票，一会儿搀扶老弱病残旅客进候车室。当他帮旅客拎着两个大皮箱进入第一候车室时，很多旅客认出了他，和他打起了招呼。"年纪这么大了还当志愿者，真是活雷锋啊！"一位旅客感激地说。

"走街串小巷，和蔼态度亲，婆婆如在家，坐下拉拉呱，见人多询问，见事多观察，热心办民事，温暖送到家。"这是邱娥国自编的顺口溜。从警一生，爱满天下，邱娥国几乎没有休息日，加班加点达3万多个小时。他年复一年、日复一日地穿梭在辖区内大大小小的街巷，走街串巷累计行程达12万公里，相当于绕地球走了三圈。作为一名老党员，他用自己的一言一行，感染着身边的人，他的无私行为也受到党和人民的赞誉。2009年9月14日，他被评为"100位新中国成立以来感动中国人物"之一，他还是全国先进工作者、公安部一级英模、获得了全国五一劳动奖章、全国优秀共产党员、全国第三届当代雷锋、全国敬老爱老金榜奖等100多项荣誉称号，并荣立个人一等功一次、二等功两次。

把一切献给党和人民

2012 年 3 月 24 日，在医院的病床上，年近 80 岁的苗为民签下一份捐献器官承诺书："我将遗体器官作为最后一笔特殊党费捐献给国家，救助病人。"3 月 31 日，在耐心劝说并征得家人同意后，老人又写下遗嘱，将遗体捐献给国家，用于从事科研和帮助病人。"我原打算为党健康工作 70 年，实现自己的入党誓言，现在看来只能工作 58 年了，这是我人生最大的遗憾！"4 月 10 日上午，老人平静地辞世。4 月 12 日，老人的眼角膜被成功摘取，遗体被送往省红十字会遗体(器官)捐献中心安医大接收站。

苗为民，原名苗弼廷，1934 年 6 月在太和农村出生，1955 年从阜阳师范学校毕业，因为学习成绩优异被安徽省教育厅工农教育处调去做了一名教师。之后他考入中国人民大学法律系，毕业后留在那里教学。1962 年，为了支持家乡的教育，当时 28 岁的苗弼廷作出了一个令人惊异的决定：辞去大学教师工作，回到家乡太和当一名中学教师。为此，他谢绝了当时中国人民大学副校长对他的再三挽留。就在回乡后，他把自己的名字改成了"苗为民"。

为什么要改名字呢？他后来这样解释道："我原先的名字苗弼廷是父亲起的，希望我能取得一官半职辅弼朝廷，但是我是党和人民培养起来的，我还保卫朝廷干什么，我为人民服务不是更好么！我就把自己的名字改成了苗为民。"从此后，"为民"便成为他一生的事业。

1982年,苗为民被调到太和县司法局,他努力工作,认真学习,成为了安徽省恢复律师制度后考取律师资格证的第一人。

1984年6月的一天,苗为民带领两名干警押解50多名罪犯到太和劳教场。没想到押解车辆行驶到半路突然失火,有些罪犯想趁着混乱逃脱。就在危难之际,苗为民纵身跳下车,用身躯死死地堵住车门,同时指挥干警采取紧急措施,最后把全部罪犯都安全地送到劳教场。可这场事故却使他左臂粉碎性骨折,落下了终身残疾。

1994年,苗为民退休了。但他并没有闲下来,而是发挥余热当起了律师,一直到生病住院前,他还是安徽炎黄律师事务所的党支部书记。在他担任支部书记期间,炎黄律师事务所党支部被评为全省县域律师事务所唯一的一家省级五好党支部。在炎黄律师事务所工作了18年,苗为民免费调解了200多起案件。他经常说的一句话就是:"要是能调解好一个案件,我能得劲儿几天,吃饭睡觉都香;要是一个案件办得不好,心里就得纠结几天。"对于那些没钱的人,他从来都不收取法律咨询费,甚至有时还自己支付差旅费、材料费和通信费。因为在苗为民的意识中,他人的利益总是放在前面的。自从家里人都搬到县城后,他们家就再没要过村里的土地。不仅如此,苗为民还一如既往尽心尽力地帮助村里。1997年,村里要兴建一所小学,可是缺乏资金。苗为民就从工资里捐了1000元,这在当时可是一笔不小的数目。

2011年10月,77岁的苗为民被查出患有胆囊癌,并已进入晚期。于是他让小儿子带他回了趟农村老家。老家的一草一木都令他

深深眷恋。在那里,他看到农村孩子没有课外读书的地方,心里很难受。回来后他和老伴儿商量,把农村老家的五间祖宅捐给村里做图书阅览室,并出钱给孩子们买些课外书,尽自己的最后一分力量来帮助这些需要帮助的孩子们。在他的祖宅改建为村图书阅览室后,村民们被他的义举所感动,纷纷从四周聚来,打扫庭院,搬运桌椅,投入到义务劳动中。"他是我们村的骄傲和自豪,很希望老人将来能魂归故里。"村长动情地说,在挂上"苗为民图书阅览室"的牌子时,好多村民都流下了热泪……

苗为民曾经在 2011 年 12 月 18 日的个人工作总结中写道:"在有生之年,我将尽职尽责,为实现自己的入党誓言,奋斗终生!"他践行了自己的诺言,把一切都奉献了出来。在他的身上,不仅闪耀着人性的光辉,还有他对党无限的忠诚,对人民无限的爱。他用一生的实际行动诠释了共产党人的高尚情操,让我们每个人为之动容。